自治体の議会事務局職員になったら読む本

香川純一・野村憲一 [著]

学陽書房

はじめに

　本書では、自治体の議会事務局職員として、1日も早く戦力となり、さらにはプロフェッショナルとなるために必要な作法、そして実務の考え方・進め方をお伝えします。

　議会事務局は、執行機関から異動してきた職員にとっては、別世界、異文化社会のようです。配属されたばかりの職員は、この異文化に触れて大いに戸惑うものです。
　私自身、その一人でした。
「勝手がわからない」
　これが、私が議会事務局に配属されて、最初にもった感覚です。それまで20年間、自治体職員として仕事をしてきましたが、「議会事務局は今までの型だけでは通用しないところ」。そう感じました。
　議会事務局では、執行機関での立ち居振る舞いとは違った動きが求められ、勝手がまるで違うのです。スポーツにたとえれば、「使う筋肉が違う競技」だったのです。
　このことを一言でいえば「作法」の違いということができます。
　議会事務局職員は、議員からの求めがあって初めて出番がくる立場です。議員と議会事務局には明確な役割分担があり、物事を判断し、決定するのはあくまでも議会であり、議員です。議会事務局は、求めに応じてメニュー（複数の選択肢）を提示する立場です。
　議会事務局職員は、このような「作法」を身につけた上で、「待ったなし」の世界である議会において、それぞれの場面に応じ、そして求めに応じて、ベストなカードを切る必要があります。ここに「備え」の重要性が出てくるのです。このような議会事務局職員の「作法」や「心得」についてのOJTは、自治体議会事務局において意外とおろそかにされているようです。これは、私が議会事務局職員向けの研修に講師として登壇した際の受講生の反応から理解できます。

また、実務に必要な知識が書かれた教科書は数多くありますが、作法と実務を連動させた教科書を私は知りません。

　これまで、私は自治体議会事務局、衆議院事務局・法制局、国立国会図書館の職員および経験者をメンバーとする「議会事務局実務研究会」において、議会事務局職員としての作法や実務について議論し、意見交換をしてきました。その名のとおり、徹底的に「実務」にこだわり、教科書には載っていないさまざまなテーマについて議論し、知見を深めてきました。

　本書は、こうした実務研究会での議論、そして、議会事務局職員として悩み、試行錯誤しながら身につけた実務の要諦を1冊にまとめたものです。
　本書では、「私が1年目に知っておきたかったこと」を書きました。
　私がここに書かれていることを1年目でしっかりと身につけ、また認識していたならば、当時の苦悩はなかったと思います。
　私が数年を費やして培ったことを本書でお伝えすることによって、1人でも多くの皆さんが、効率よく議会事務局職員の作法と実務の考え方・進め方を身につけていただければ幸いです。
　そして、1日も早く戸惑いから解放され、議会事務局職員の「醍醐味」を味わっていただきたいと思います。

平成27年3月

香川純一

自治体の議会事務局職員になったら読む本 ● 目次

はじめに　2

第1章　議会事務局の仕事へようこそ

1-1　議会事務局の仕事 ……………………………………………… 12
- 議会事務局の補佐機能　12
- キーワードは「調査」と「法務」　14

1-2　地方議会の役割 ………………………………………………… 16
- 憲法から考える地方議会　16
- 二元代表制における議会の役割　17
- 議会基本条例にみる地方議会の「覚醒」　18

1-3　先例と申し合わせ ……………………………………………… 20
- 先人の知恵と経験の結晶　20
- 先例・申し合わせを適用する際のポイント　22

1-4　情報収集の心得 ………………………………………………… 24
- 情報収集の意義を考える　24
- 「わが身を救う」情報収集の心得　26

1-5　議会事務局職員の作法と心得 ………………………………… 30
- 議会事務局は異文化社会？　30
- 「すべてを備えて、静かに時を待つ」　31
- 議会事務局職員の議員対応　33

第2章 本会議・委員会の進め方

2-1　本会議の流れ ……………………………………………… 38
- 意思決定を行う最高の場　38
- 各定例会における本会議の流れ　39
- 質疑・質問の通告　41
- 委員会との関係　―「熟議」にふさわしい場所とは―　42

2-2　会議原則 …………………………………………………… 44
- 会議のありようを知る　44
- 法定されている会議原則　44
- 法定されていない会議原則　48
- 議会事務局職員にとっての会議原則　49

2-3　会議での発言 ……………………………………………… 50
- 「言論の府」議会の本質的要素　50
- 議事進行がかかったときの心がけ　53

2-4　委員会の流れ ……………………………………………… 54
- 詳細かつ専門的に審査する機関　54
- 委員会の審査をスムーズに進めるには　55
- 委員会での修正案の取扱い　57

2-5　委員会付託 ………………………………………………… 60
- 委員会審査のスタートボタン　60
- 分割付託と予算案・決算案　62

2-6　常任委員会 ………………………………………………… 66
- 常任委員会とは何か　66
- 議長が常任委員になること　69

2-7　議会運営委員会 …………………………………………… 72
- 議会運営の司令塔　72

▶ 議会の縮図を垣間見る　74

2-8　特別委員会 ……………………………………………………………… 76
▶ 特定の付議事件を所管する臨時的機関　76
▶ 特別委員会はどのように活用されているか　78

2-9　公聴会・参考人 ………………………………………………………… 80
▶ 公聴会制度と参考人制度の関係　80
▶ 参考人制度の活用事例　81

2-10　会議の傍聴 …………………………………………………………… 86
▶ 会議公開原則と傍聴の自由　86
▶ 傍聴規則を考える　87

第3章　審議における問題解決

3-1　正副議長の選挙 ………………………………………………………… 94
▶ 議会の代表者を決める　94
▶ 立候補制による選挙　96
▶ 立候補者による所信表明　98

3-2　委員会条例 ……………………………………………………………… 100
▶ 自治法と委員会条例　100
▶ 組織改正に伴う委員会条例の改正　102

3-3　条例の修正案作成①　作成の技術 ………………………………… 104
▶ 条例案に対する修正案　104
▶ 修正案の法制執務　105

3-4　条例の修正案作成②　作成の心得 ………………………………… 108
▶ 議員の思いを条文化する　108
▶ 議員の思いを語る規定の例　109
▶ 修正案作成の心得　112

3-5 予算の修正案作成 …………………………………… 114
- 予算に関する議会と長の役割分担　114
- 議会による予算案の修正　115

3-6 議決事項① 議決に付すべき契約 …………………… 120
- 議会の議決に付すべき契約　120
- 契約の変更と再議決の要否　122

3-7 議決事項② 議決と司法手続 ………………………… 124
- 自治法96条1項12号の趣旨　124
- 訴訟と議決の要否　125
- 支払督促手続におけるみなし訴えの提起と議会の議決　127

3-8 長の専決処分① 179条専決処分 …………………… 130
- 自治法179条の専決処分（法定代理的専決処分）　130
- 179条専決処分と議会の不承認　132

3-9 長の専決処分② 委任専決処分 …………………… 134
- 自治法180条の専決処分（委任専決処分）　134
- 専決処分事項の指定例　135
- 例規集上の記載　136

3-10 請願・陳情 ……………………………………………… 138
- 請願・陳情に関する法制　138
- 請願文書表の公表と個人情報　142

3-11 意見書の提出 ………………………………………… 144
- 議会の機関意思の表明　144
- 意見書はどこに提出するのか　145

3-12 決議 …………………………………………………… 148
- 決議とは何か　148
- 決議案と議会事務局　149
- 委員会における附帯決議　150
- もう1つの決議の活用法　152

第4章 調査・庶務のポイント

4-1 調査という仕事 156
- 議会事務局が行う調査とは　156
- 調査の依頼を受けたら　157

4-2 資料の提出要求 160
- 調査権の法的根拠　160
- 議員から資料の提出要求の依頼を受けたら　162

4-3 委員会視察の随行 166
- 視察の意義　166
- 委員会視察の流れ　167
- 随行の心得　170

4-4 行政視察の受入れ 172
- 依頼を受けてから当日を迎えるまで　172
- 受入れ当日　174
- 受入れの際の意識とそこから得られるもの　177

4-5 議会図書室 178
- 議会図書室とは　178
- 議会図書室の複写サービスと一般開放の法律論　179
- 議会図書室の機能充実、その王道と邪道？　181

4-6 議会だより 184
- 議会だよりの発行目的　184
- 議会だよりを編集する　187
- 一大センセーションを巻き起こした議会だより　189

4-7 ホームページ・議会中継 190
- 「開かれた議会」情報周知の一手段　190

- ▶ 議会のサイトはどこにある？ ―ドメイン名をめぐって―　192
- ▶ うまく回すための留意点　194

4-8　会議録 ……………………………………………………… 196
- ▶ 議会の歴史を刻むもの　196
- ▶ 閉会後の発言の訂正と会議録　198
- ▶ 資料の映写と会議録　199

4-9　議員報酬 …………………………………………………… 202
- ▶ 議員報酬について議会事務局が知っておくべきこと　202
- ▶ 長期欠席議員の議員報酬の取扱い　206

4-10　政務活動費 ………………………………………………… 208
- ▶ 政務活動費の法制　208
- ▶ 政務活動費に関する議会事務局の役割　211

4-11　政策条例の立案補佐 ……………………………………… 214
- ▶ 議員提出議案の要件　214
- ▶ 政策条例立案の現状と議会事務局職員の心得　214
- ▶ 予算を伴う政策条例を立案する　217

4-12　議会事務局でネットワーク ……………………………… 220
- ▶ 議会事務局のネットワーク　220
- ▶ 人脈づくりの具体的方策　222

4-13　議会事務局職員からの議会改革 ………………………… 224
- ▶ 議会を改革するのは誰か　224
- ▶ 議会事務局職員が語ることができる議会改革　224

参考文献　228

おわりに　230

凡　例

◆法令等の略記
　（本文中で法令等を引用する場合、下記の法令については略記した）

日本国憲法	➡	憲法
地方自治法	➡	自治法
標準都道府県議会会議規則	➡	都道府県会規
標準市議会会議規則	➡	市会規
標準町村議会会議規則	➡	町村会規
標準都道府県議会委員会条例	➡	都道府県委条
標準市議会委員会条例	➡	市委条
標準町村議会委員会条例	➡	町村委条

◆条文の表記
　（条文の記載は、次のような表記にした）

　例）地方自治法第96条第2項　➡　自治法96条2項

第 **1** 章

議会事務局の仕事へ
ようこそ

1-1 ◎…議会事務局の仕事

▶▶ 議会事務局の補佐機能

　この本を手にしている方の中には、議会事務局に異動したばかり、あるいは、最初の配属先が議会事務局だという人もいらっしゃると思います。まずは、「議会事務局がどのような仕事を担っているのか」を整理することから、本書を始めましょう。

　自治法138条は、議会事務局について、都道府県議会では必置とし、市町村議会では条例の定めるところにより設置することができるとしています（1項・2項）。また、議会事務局の職員は議長がこれを任免し（5項）、その職務は「議会に関する事務」とされています（7項）。

①議会事務局の仕事　—議事・調査・庶務（総務）—

　「議会に関する事務」は、「議事」「調査」「庶務（総務）」の3つの部門に大別されます。

　議事部門は、本会議や委員会などの会議の運営に関する業務、調査部門は、議員の政策立案や調査研究のサポートに関する業務、そして庶務（総務）部門は、議長などの秘書事務、議会事務局内の庶務に関する業務です。これら3部門を議会事務局内で所管するわけですが、議会に関する事務は複雑多岐にわたることや、各自治体の組織体制などの事情により、事務分掌の形はまちまちです。

　3部門の業務はいずれも、議会や議員の活動のいわば「裏方」としての仕事であり、ゆえに議会事務局は議会を「補佐」する機能をもつとされています。

　ただし、議会は社会情勢の変化に応じて当該自治体の意思決定に関

わっていく重要な機関ですから、その補佐も、論理的かつ臨機応変な考えのもとになされる必要があります。

②なぜ議会事務局の機能強化が求められているのか

さて、いわゆる議会改革の中で、「議会事務局の機能強化」という項目が取り上げられています。早い話、議会事務局が担っている議会の「補佐機能」の充実がいわれているわけです。

一連の地方分権改革により、国の機関委任事務は廃止され、地方自治体の事務は法定受託事務と自治事務とに再編されるとともに、国から地方への権限や財源の移譲が進められてきました。

これにより、自治体の事務が増大しているほか、法定受託事務についても原則として条例で議会の議決事件とすることができるようになる（自治法96条2項の平成23年改正）など、自治体の自己決定権が拡大されてきた結果、条例制定権をもつ議会の職責は大きくなりました。

執行機関は移譲された権限に基づく事務処理などについて条例案を議会に提出します。議会はこれを精査し、疑義があればこれを質したり、必要に応じて案文の修正を求めたり、あるいは議会が自ら条例案や条例修正案を提出したりすることもあります。つまり、執行機関に対する議会のチェック機能が発揮されるべき機会は格段に増えてきたといえます。

議会がこうした職責を果たしていくためには、移譲された権限や事務の内容をよく理解した上で、場合によっては当該自治体の置かれている状況に応じたアレンジが必要とされることもあります。

地方分権が進めば進むほど、自治体の執行機関はもちろんのこと、議会にも政策を立案し、これを実効性あるものにしていく能力の一層の向上が求められているのです。議会の政策立案能力の向上が求められているということは、議会事務局においても議会の政策立案を補佐するための能力をアップさせる必要があるという議論につながっていきます。自治体による政策実現の典型が条例にあるとすれば、議会事務局には、議員が政策を立案し、それを条文という形に表現することをサポートするという能力（政策法務能力）が求められているのです。

▶▶ キーワードは「調査」と「法務」

　議会事務局の仕事のうち、政策法務能力が必要とされるのは、前述の分類によれば、おおむね調査部門の業務といえます。

　全国の自治体で制定されている議会基本条例にも、議会事務局の機能の充実・強化の対象を「調査」あるいは「法務（法制）」機能と明文で規定している例が少なくありません。

　例えば、栗山町議会基本条例 18 条は、議会・議員の政策形成・立案機能を高めるため、議会事務局の「調査・法務機能を積極的に強化する」と定めています。また、会津若松市議会基本条例 18 条は、議会の政策立案能力を向上させ、議会活動を円滑・効率的に行うため、議会事務局の「調査及び法制機能の充実を図る」としています。

①調査・法務機能の具体的内容

　では、議会事務局に求められる調査機能、法務機能とは、具体的にどのようなものなのでしょうか。

　まず、調査機能の主な内容は、議員の要請に応じ、的確かつ迅速に調査を行い資料を作成することです。もちろん、その資料は、議員の政策形成に資するものであることが必要です。そのためには、自分の自治体だけでなく、一般に自治体が抱えているさまざまな課題について問題意識をもつことが第一歩となります。

　とはいっても、細かな内容まで知っている必要はなく、そういう問題が「ある」ということが頭の隅に置いてあれば当面は十分でしょう。特に、近隣あるいは人口や予算の規模、その他立地条件などが類似する自治体に関する情報には積極的にアンテナを張っておくべきです。こうした問題意識を蓄積することは、近いうちに議員からどのような調査が求められるのかという「兆し」を敏感に察知することにもつながります。

　また、実際に調査活動を行う際に用いる情報収集や分析の手法を日頃から押さえておくことも準備として必要です。「いざ鎌倉」のときに馳せ参じるための「鎌倉街道」の道筋を知っておくのです。通行止めや渋滞もあるでしょうから、複数のルートがあればなおよいでしょう。

一方、法務機能は、法令や条例（案）の内容を理解するほか、条例（改正）案などの条文自体を作成することが主な内容となります。
　ここでは、例えば条例案の内容（目的、適用要件、効果、手続など）を読み取るだけでなく、ある目的を実現するための条例案について、どのような手法をとるのか（政策立案）、その内容を条文で的確に表現するにはどうすべきか（法制執務）を考える力が求められるでしょう。議会には条例制定権があります。議会事務局に求められる法務機能には、いわゆる法令解釈だけでなく立法的な視点や感覚も非常に重要なものとなります。

②「いざ鎌倉」に備える

　議会事務局に求められるこうした調査機能と法務機能は、実際には一体的に必要とされるものです。同種の制度の内容を比較する調査では、根拠条文の解釈が当然必要とされますし、条例案を作成する際は、類似の制度をすでに導入している自治体があれば、その状況が参考になるでしょう。
　このように、2つの機能がともに充実できれば素晴らしいのですが、議会事務局を取り巻く現実はそれほど甘くもないようです。多くの自治体の議会事務局では、業務量に比べて要員体制は貧弱、その中に法務に長けた人が常にいるとは限らないし、いずれ異動もしてしまうし……。
　議事部門と庶務部門の主な事務が、議会が存在する以上やらねばならない仕事であるとすれば、調査部門のそれはもしかしたら、機能が十分発揮されなくても議事や庶務ほどは「痛くない」と思われていたのかもしれません。それでも、議会が本来の機能を発揮できるよう、しっかり補佐するために、議会事務局職員は、一人ひとりがスキルを磨き、備えておくことが必要です。
　補佐機能の充実のために、今の議会事務局に最も必要とされる力の1つは、この「備える」という一言にあるといってもいいでしょう。日々着々と積み重ねる「備え」が、「いざ鎌倉」のときに大きな力となるのです。

12 ◎…地方議会の役割

▶▶ 憲法から考える地方議会

　議会事務局に配属されて、まずはじめにすべきことは、議会の役割をしっかりと理解することです。なぜなら、議会に仕える身として、ご主人様が何をする人なのか、何をすべき人なのかを知っておかなければ、立派な執事にはなれないからです。

　地方議会の役割を考えるにあたっては、憲法に立ち返る必要があります。憲法99条には公務員に対する「憲法尊重擁護の義務」が規定されています。実際には、公務員が日々の実務を進める上で、憲法の条文に立ち返る場面は、そう多くはありません。

　しかし、議会事務局職員にとって、自身が「仕える」「支える」議会を理解する上で、最初に押さえなければならないのが憲法93条です。ここで改めて一読し、そこから議会、議員の法的位置づけ、役割について確認しておきましょう。

■日本国憲法
　第93条　地方公共団体には、法律の定めるところにより、その議事機関として議会を設置する。
　②　地方公共団体の長、その議会の議員及び法律の定めるその他の吏員は、その地方公共団体の住民が、直接これを選挙する。

---

①議事機関とは何か

　憲法93条1項には「議事機関として議会を設置する」とあります。

まず「議事機関」とは何でしょうか。あまり学問づきたくはありませんが、一度、正面から考えてみます。

議事機関は、一般的には議決機関と理解されています。議決機関と理解すると、具体的には、条例の制定・改廃、予算を定めることなど、自治法96条1項各号に列記されている必要的議決事件や、同条2項に基づく任意的議決事件について、最終的な意思決定をする立場といえます。

もう少し理解を深める意味で、日本国憲法の英語版をみてみましょう。

> Article 93. The local public entities shall establish assemblies as their deliberative organs, in accordance with law.
>
> （首相官邸ホームページ「The Constitution of Japan」より）

下線部分が「議事機関」に相当する語句です。キーワードは"deliberative"。この単語の日本語訳は「熟議」。熟議とは、十分に論議を尽くすことです。

つまり、議事機関は「十分に論議を尽くすところ」という本質的な役割をもっているのです。

②長と議員、両者直接公選

また、憲法93条2項には「地方公共団体の長、その議会の議員……は、その地方公共団体の住民が、直接これを選挙する」とあります。

両者直接公選ですから長と議員は対等・並列であり、両者は直接、住民に対して責任を負うことになります。つまり、地方公共団体には長と議員という「住民代表」が2つ存在しているわけで、この仕組みが一般的には「二元代表制」と理解されています。

▶▶ 二元代表制における議会の役割

議会は議事機関として、必要的議決事件、任意的議決事件について、

最終的な意思決定をする立場にあることがわかりましたが、その役割について、さらに深く考えてみましょう。

①行政監視機能

議会には行政を監視し、長の独走を抑え、行政執行が適切になされているかどうかをチェックする役割があります。

法定されているものとして自治法98条の検査権、監査請求権、そして100条調査権がその代表です。これに加えて、本会議の一般質問で「○○についてはどうなっているのか」などと長に質している場面があります。これも、住民代表たる議員が行政監視機能を発揮している典型です。

②政策立案機能

そして昨今、強調されているのが、議会の政策立案機能の強化です。議会側から政策を立案し、長に対して提示していくというものです。

例えば、「長提案の議案を何らの修正もせずに可決しているのが議会の現状」といった論調のマスコミ報道も、裏を返せば、議会に対して、より一層、政策立案機能を発揮することを期待しているものといえます。

▶▶ 議会基本条例にみる地方議会の「覚醒」

まず、議会改革のトップランナーと称されている三重県議会の議会基本条例の規定の一部をみてみましょう。

■三重県議会基本条例

（知事等との関係の基本原則）
第8条　議会は、二元代表制の下、知事等と常に緊張ある関係を構築し、事務の執行の監視及び評価を行うとともに政策立案及び政策提言を通じて、県政の発展に取り組まなければならない。

2 議会は、合議制の機関としての特性を生かし、知事等との立場及び権能の違いを踏まえ、議会活動を行わなければならない。
（監視及び評価）
第9条 議会は、知事等の事務の執行について、事前又は事後に監視する責務を有する。
2 議会は、議場における審議、決算の認定、監査の請求、調査の実施等を通じて、県民に知事等の事務の執行についての評価を明らかにする責務を有する。
（政策立案及び政策提言）
第10条 議会は、条例の制定、議案の修正、決議等を通じて、知事等に対し、積極的に政策立案及び政策提言を行うものとする。

「二元代表制」「監視」「政策立案」などのキーワードが盛り込まれた条文が並び、これを読めば議会の役割が十分理解できそうです。

そして、議会の本質を表しているもう1つのキーワード「熟議」。これは橋本市議会基本条例に登場しています。

■橋本市議会基本条例
（議会の活動原則）
第3条 議会は、次の各号に掲げる原則に基づき活動しなければならない。
(1) 公平性及び透明性を確保し、市民に開かれたわかりやすい議会運営を行うこと。
(2) 市民に積極的な情報公開を行うとともに、説明責任を果たすこと。
(3) 自由闊達な議論を行い、市政の課題に関する論点及び争点を明らかにし、市長等の執行機関（以下「市長等」という。）と議員が熟議対論する場となるよう努めること。
(4) 市政への市民参加を推進するため、多様な機会を設けること。

近時、地方議会では自らの役割や存在意義を再確認し、それを議会基本条例の中で表現しています。その意味では、議会基本条例は、地方議会が己の本分に目覚めたというサインともいえるでしょう。

13 ◎…先例と申し合わせ

▶▶ 先人の知恵と経験の結晶

　自治体では、部署によってそれぞれ異なる専門用語が飛び交います。配属されて間もないうちは、何のことかわからず戸惑った経験がある方も多いでしょう。
　議会事務局でよく耳にするフレーズであり、欠かせないものの1つが「先例」と「申し合わせ」です。
　先例・申し合わせは、議会運営の中で、議会に関係する法令や条例、規則などに規定されていない部分やあいまいな部分などについて、これら法令などを補完し、具体的にどうするかの指針となるものです。
　両者はしばしばまとめて用いられ、当該議会の規範の1つとして事実上機能しています。時折「先例主義」とか「前例踏襲」という言葉を批判的な場面も含めて耳にしますが、これら先例・申し合わせは、無用の混乱を避け、円滑な議事運営を確保するためのツールとしてそれぞれの議会で蓄積されており、一定の効果を発揮していることもまた事実です。

①先例と申し合わせの関係

　まず、「先例」と「申し合わせ」について整理しておきましょう。
　「先例」とは、過去に存在した同種のできごとや対処方法（について記録したもの）のことを意味します。先例はあくまで過去の事実の記録であって、それだけでは規範とまではいかないものの、以後同種の事案が生じた場合に参考として活用される可能性のあるものです。
　一方、「申し合わせ（事項）」は、議会運営に関する会議規則などの具

体的な運用や、ある事案に関する当該議会としての対処方法について、議員の話し合いにより確認されたものをいいます。

　申し合わせは、議会運営の当事者である議員が話し合いにより確認したことで、一定の規範性を有しており、同種の事案に関する当該議会の態度の決定についてある種の拘束力をもつものといえます。

　過去の事実としての先例が生まれるのは、いわば偶発的な契機によるものですが、以後の同種の事案を過去と同様に処理することが積み重ねられた結果、それが慣習化して、申し合わせとして確認されることも多くあります。

　また、申し合わせの裏づけとして、当該申し合わせに基づいて処理した事案は、後日からみれば「先例」として蓄積されていきます。その意味では、先例と申し合わせとの間には、何か連続性のようなものを認めることができると思います。

②日々成熟する先例・申し合わせ

　いずれにしても、同種の事案を過去と同様に処理することが積み重ねられる結果、次に同種の事案と直面したときに、過去と同様に処理することで何らかの致命的な不都合でも生じない限り、先例や申し合わせは議会が態度を決める際の根拠として機能します。

　「今までうまくいっているのだから、そのとおりやれば今回もうまくいく」と考えることはそれなりに合理的です。先例や申し合わせは、その時々の議会に関わってきた先人たちが培ってきた知恵と経験そのものといえます。

　また、議会運営は今後も連綿と行われていくわけですから、先例や申し合わせは日々成熟していくことになります。もちろん、時代が変化するにつれて、これまでもっていた意義がだんだん希薄になったり、古びたりするものもあります。そうしたものは時代に合った修正を施したり、先例としての役割を終えたものとして取り扱うことも必要です。こうした観点からすれば、今の私たちは、今日まで積み重ねられてきた先例や申し合わせを今の時代に合わせて取捨選択し、さらに知恵や経験を重ねてこれを成熟させ、その後の人たちに伝えていく使命を負っている

ともいえるでしょう。

▶▶ 先例・申し合わせを適用する際のポイント

　議会運営の中である事案に直面したとき、対処の参考となる先例や申し合わせがあるかを調べることは、議会を補佐する立場にある議会事務局職員にとって重要な任務の1つです。先例の積み重ねが申し合わせとなり、申し合わせに基づいて処理された事案が以後の先例となるというメカニズムを踏まえて、議会事務局がどう対応すべきかを考えてみましょう。

①先例は一般化する

　現在直面している事案について対処の参考となる先例があるかを調べるには、当該事案と先例をそれぞれ一般化・抽象化して比較することが必要となります。

　一般化・抽象化とは、その事案のいわばエッセンスを適切に拾い上げる作業です。当該事案と先例をそれぞれ一般化することで、両者を並べて「どこがどう似ている、あるいは同じなのか」を的確に把握することができます。また、事案の一般化・抽象化は、大まかにいえば規範を立てることと同じ作業といえますから、一般化・抽象化した結果が後日申し合わせの内容となる可能性もあります。

②申し合わせは当てはめをする

　現在直面している事案が申し合わせに該当するかどうかを調べるには、まず、申し合わせの内容から適用要件を導き出します。そして、当該事案からは適用要件に該当する事実を抽出し、これに当てはめます。当てはめの結果、申し合わせに該当すればそのとおり処理し、該当しなければ、それは新たな事項として対処することとなります。

　こうした一般化や当てはめの作業は、いわゆる法的思考と共通する手順です。法的なものの考え方の練習にもなりますから、事案の一般化、規範の具体化の行き来に慣れるようにしましょう。

③「適用できるか」の前に「適用すべきか」を考える

　先例や申し合わせをもち出すような局面の中には、それによって現時点の局面を是とするか非とするかの判断を迫られている場合もあります。議会事務局としては、この場合、是か非かどちらに向かうのが適切なのか、という視点からも検討して考えをまとめ、議長や議員からの問いかけや相談に対して備えておくことが大切です。

　そのためには、事案の一般化と規範の具体化の行き来を自由自在にして、先例や申し合わせと当該事案との共通点と相違点を押さえ、当該先例や申し合わせの射程範囲を明瞭にするとともに、共通点と相違点のどちらをよりクローズアップすべきかを考えることが求められます。共通点を強調して先例や申し合わせと歩調を合わせるのか、あるいは相違点を浮き彫りにして別の対処方法を模索するのか、議事運営を補佐する立場として考え方を整理し、議員と話し合うという場面です。

　例えば、もち出されるのが先例であれば、「この事案は○○の点においてこの先例と共通（相違）します。ゆえにこの先例と同様に処理する（別途このように対処する）のはいかがでしょうか」となるでしょう。

　また、申し合わせであれば、当該申し合わせのとおり処理するとどうしても不都合が生じる場合には、その理由を明確にして議員との共通認識ができた上で、議員からの問いかけに対し、申し合わせの「改正」（例外事項を加えるなど）に話が及ぶという場面も考えられるでしょう。

　議会事務局職員は、直面している事案に先例や申し合わせを「適用できるか」を考える前に、「適用した場合に議会全体にとって不都合が生じないか」という観点から、まず「適用すべきか」を考えることが求められます。

　こうした作業を経ることで、先例や申し合わせは、当該事案への適用の是非にかかわらず、さらに成熟し、知恵と経験の結晶として磨かれていくのです。

14 ◎…情報収集の心得

▶▶ 情報収集の意義を考える

　いうまでもありませんが、情報収集はあらゆる仕事において必要不可欠な作業です。「いい仕事」をする人は、直接的な事務処理の能力の高さや、発想力の豊かさを備えているものです。自分の周りにそういう人がいるのをみて、「うらやましい」と思ったこともあるかもしれません。

　「うらやましい」がその人に対する評価の高さを示すだけならまだよいのですが、裏返して「自分はそうではない」とネガティブな発想をしてしまうことがあります。

　しかし、それは実は違うのです。そういう人の多くは決して、天賦の才能だけでこなしているわけではありません。「天賦の才能」は、馬力のあるエンジンのようなもの。ガソリンがないと回らないのです。

　前置きが長くなりましたが、ここにガソリン、すなわち「情報収集」の大切さがあるのです。

　そんなイメージをもちながら、情報収集の意義をお伝えします。

①情報は仕事の完成度を左右する

　日々携わる仕事は、こなしていくことがまず求められます。しかし、ただ漫然とこなしていくだけでは、それなりの成果しか得ることができません。ルーティンワークでも、そこに一滴のエッセンスが加わることで、「いい仕事」に化けるチャンスが潜んでいるものです。

　そのポテンシャルを引き出すのが情報です。業務に関係する情報をもてばもつほど、それは同じ業務をみる目が多角的になる契機となります。典型例は業務改善です。改善は今の業務を客観的にみつめ直すこと

から始まります。いわば「鷹の目」が今の業務の進め方で改善すべき点を映し出すのです。

情報は他人によるものですから、それだけで客観視の要素を含んでいます。自分が携わる業務に関係する情報を多くもつほどに、今の業務をみる目が多角的なものになる契機が増えていきます。情報収集の意義の1つがここにあるのです。

議会事務局職員としては、今の自分の議会のやり方を学ぶことはもちろん必要ですが、例えば近隣自治体や類似団体のやり方を情報としてもつことで、スタンダードとローカルルールの違いを見出すことができます。仕事の完成度は、そんなところから上がっていくものなのです。

②情報は自分の評価を左右する

仕事の完成度が上がれば、当然それは自分に対する上司の評価が上がることにつながります。

例えば、ある仕事の成果を上司に報告するときに、「これにはAとBの考え方がありますが、このような理由でAの考え方をとりました」と報告に加えることです。これまで特に疑問もなくAのやり方をしてきたところに、Bという別のやり方が情報収集によって加わると、最終的に同じAのやり方を引き続き採用したとしても、その意味は大きく変わります。

評価する側からみれば、「ただAでやっているわけでなく、考えた上でAを続けることにした」と映ります。収集した情報に基づく選択という行為が、Aという仕事のやり方に対するその人の理解度を高め、その人の評価の向上につながるのです。

議会事務局は先例に重きが置かれる職場です。

しかし、盲目的に先例に従い、これまでのやり方を踏襲しているだけでは、ただ仕事をしているとしか見えません。例えば他の議会のやり方に出会ったときに、改めて自分の議会のやり方を振り返り、両者を比較してみる。その行為が自分の能力と評価の向上に寄与するのです。

③情報は自身の助けになる

　仕事をしていると、どう進めていけばよいか悩む、いわゆる困難業務にぶつかることがあります。

　そんなとき、自分を助けてくれるのが情報です。「取っかかり」は思わぬところにあるものです。適切な情報は「思わぬところ」に自分を導いてくれます。そして、困難業務を完遂する原動力になります。

　議会事務局の仕事は、さまざまな形で自治体の業務全体に関係しています。ある議員から調査の依頼を受けたものの、意図していることがよくわからず、どう報告すべきかがみえない。そんなことも往々にしてあるでしょう。情報収集は、この状況を打開する契機となるのです。

▶▶「わが身を救う」情報収集の心得

　いささか抽象的ですが、情報収集の意義を考えてきました。そうはいっても、ピンポイントで役に立つ情報はそうそう手に入らないと思っている人もいるでしょう。

　ここからは、やり方の問題です。「役に立つ」情報をもとうとするのではなく、もっている情報を「役立てる」というふうに発想を転換してみましょう。そのための心得を次に考えます。

①何でも一瞥するクセをつける

　情報社会の現代、巷には情報があふれています。そこで、新聞、雑誌、インターネット、通勤電車の中吊り広告……など、何でも「一瞥」するクセをつけることをまずおすすめします。

　ポイントは、決して大仰に考えないこと、覚えようとしないこと。あくまで「一瞥」です。例えば、記事の見出しを眺めるだけでも、何となく記憶のどこかに残ります。記事のすべてに目を通し理解するのではなく、「ヘッドラインを見た」という事実を積み重ねていきます。最初から記事などを深く読み込んだり、全部を理解しようとすると、議会事務局職員の「生命線」である処理速度は落ちますし、情報の中のメリハリを見失いがちです。初めのうちは、斜め読み程度がちょうどよいので

す。

　そのうち、何かの機会に、きっとその見出しの文字が頭をよぎることがあります。中身はそのときに改めて調べればよいのです。逆にいえば、いつか調べるための「ひもの端」をもっておくということです。いざというときの反応や処理の速さ、正確さに違いが出てきます。

②「24時間体制」で臨む

　「24時間」。栄養ドリンクのCMじゃあるまいし、と思われた人もいるでしょう。ただ、あのCMとはちょっと意味が違います。

　日々の生活の中で、情報に接する機会はいくらでもあります。ただ、「見る」と「見える」は違います。頭の中で意識しているかいないかの違いです。

　もちろん、一日中ずっと考えごとをしろという意味ではありません。これも、何となく頭の片隅に置いておくだけでいいのです。そうした準備があれば、目に映る情報は何となく頭の中に残るものです。そして、前述のように、それ以上は意識しないのがポイントです。

③検索は「連想ゲーム」で

　インターネットの検索サイトで調べものをしていても、ドンピシャリの情報にはなかなかお目にかかれないものです。そこで、参考となる情報にたどり着く確率を上げるためのポイントが「連想ゲーム」です。つまり、ある言葉の類義語や、ある言葉から連想される語句をどんどん繰り出して、網を広げていくのです。

　世の中には、検索が速い人がいます。なぜ速いのかというと、キーボードを打つのが速いわけではもちろんなく、「AでダメならB、それでもヒットしなければC」と、連想される言葉で手広くトライできることと、検索語を切り替える割り切りのよさがあるからです。その意味では、調べごとは一見、コツコツやるのがよいように思われますが、実は「短気」や「せっかち」も必要なのです。

　検索でヒットする確率が高い言葉は、その事項のキーワードです。これを複数駆使できるかどうかが結果を左右します。そして、キーワード

を拾う力は、できるだけ多くの情報に触れることで培われます。前述の「ヘッドラインを見る」ということは、言い換えればキーワードを拾う作業であり、それが情報収集能力を高めることにつながるのです。

④「備え」としての情報収集

　議会事務局の仕事は、自治体の業務全般に関わります。守備範囲が広いということは、あらゆる情報が、いつか仕事をする上でのヒントになりうるということです。

　その「いつか」のために「備える」のが議会事務局職員としての心得です。いつ、どんなオーダーが来ても冷静に取りかかり、迅速にメニューを提示できるように「備える」のです。

　もっている情報を「役立てる」とは、そういう意味です。いくら情報を得ようとしても、それがドンピシャリの回答となるとは限りませんし、多くの場合は「かすっている」ぐらいがいいところでしょう。所詮は「かする」程度なわけですから、「かすったらこれを見る」という情報さえもっていれば事は足りますし、何を見たらいいのかを探す分だけ時間が短縮されますから、処理の迅速性の向上につながるというわけです。

　例えば、自治法の条文です。何百条からなる法律の条文を一字一句すべて間違いなく暗記するのは、不可能とはいわないものの、普通の人にとって至難の業であることは間違いないでしょう。それに、一字一句覚えられたとしても、その努力と苦労に比べ、効果はさほどでもありません。

　この場合、覚えるべきは、条文そのものではなく、その場所です。筆者の場合、六法の「このへん」という覚え方をしています。「このへん」というのは、本のページのこのあたりというビジュアルな面と、章、節の並ぶ順番、つまり自治法の構成です。最初のうちは、議会に関する条文は第6章、90条ぐらいから、と覚えています。議会事務局職員なら議会に関する条文は何度も参照しますから、そのうちだんだんと場所の覚え方がピンポイントになってきます。条文を何度も読んでいれば、そのうち自然に語句も覚えます。そんな塩梅で、少しずつ網の目を

細かくしていけばよいのであり、意識しなくても、自然に網の目は細かくなっていくものです。

⑤ほどほどの努力を日々惜しみなく

　オーダーに対応したメニューは、オーダーが来てから組み立てるほうがより的確なものとなります。オーダーに対応したメニューの組み立てに必要な材料すなわち情報を積み重ねておき、メニュー作りに役立てる、そういう情報を、「何となく」、つまり全力を投じずに拾う。これが「備える」の1つの方法です。

　「何となく」やっていくわけですから、労力としてはたかがしれています。日々積み重ねるには、このぐらいでちょうどよいのです。

　拾った情報が役に立ったという効果は、一朝一夕にはまずみられないでしょう。しかし、こうして「ほどほどの努力を日々惜しみなく」積み重ねたものが、いつかきっと、そして確実に、自分を救ってくれるのです。

15 ◎…議会事務局職員の作法と心得

▶▶ 議会事務局は異文化社会？

　議会事務局に配属されたら、まずは、執行機関で仕事をしていたときの感覚を捨てること。すべてをリセットする必要があります。
　これは、「○○課ではこうだった」は通用しないということです。
　その意味で、執行機関から異動してきた者にとって、議会事務局は異文化社会といえるかもしれません。

①議会の歴史、文化を受け入れる

　各議会には独自に積み重ねてきた歴史があり、それが今日、固有の文化を形成しています。よって、議会事務局職員は、まず、その文化を理解し、尊重することが必要です。「議会のやり方はおかしい」「議会はもっと○○すべきだ」、こんな感覚を最初からもっていては、とても議会事務局職員としての仕事は全うできません。
　まずは議会の歴史、文化を理解し、それを尊重して、受け入れること。話はそれからです。

②議会は合議体

　独任制の長が率いる執行機関では、長の方針が明確です。その方針から逸脱しない限り、職員からのさまざまな提案が許容されています。
　対して、議会は合議体です。議会としての方針は、議員による話し合いにより決定されます。この話し合いに議会事務局は原則としてコミットしません。
　よって、執行機関で仕事をしていたときと同じ感覚でいると、うっか

り議員の領域に足を踏み入れてしまう可能性があります。それは、案件が議員マターなのか、議会事務局マターなのかの判断の誤り、すなわち「越権」なのです。

▶▶「すべてを備えて、静かに時を待つ」

「議会の主役は議員、議会事務局職員は裏方」、これは絶対的なテーゼです。そして、裏方の動きは主役によって左右されます。

議員は、総じて「せっかち」です。それには当然理由があるのですが、とにかく議員から求めがあったときに速やかにメニュー（複数の選択肢）を提示できなければ、その瞬間から「使えない事務局」と評価されてしまいます。

よって、議会事務局職員には、「すべてを備えて、静かに時を待つ」姿勢が必要です。

①「政」と「官」の役割分担

政（議員）と官（議会事務局職員）には役割分担があります。

合議体である議会においては、直接公選されて政治的正統性をもった議員のみがその議会のあり方、向かうべき方向を議論し、決定することができます。政治的正統性をもたない議会事務局職員は、あくまでも議員の補佐役です。

議会の主役は議員であって、議会事務局職員は脇役であり、裏方である。議会事務局職員はここからスタートしなければなりません。

②発意することが「よい」とは限らない議会事務局職員

執行機関で仕事をしていると、「提案」は総じて「よい」こととされています。そして、その「提案」をする職員が「積極的」あるいは「できる職員」と評価される傾向があります。

では、議会事務局ではどうでしょう。

政と官の役割分担をわきまえていない「提案」は論外という評価になります。

例えば、「議会基本条例を制定すべきだ」「議会報告会を実施すべきだ」「請願者に委員会での意見陳述の機会を付与すべきだ」などと議会事務局職員が発意することは、分をわきまえていない越権行為の典型です。
　なぜなら、これらは議員の中から湧き上がるべきテーマだからです。
　議会事務局職員は、あくまでこれらのテーマについて、議員からの求めに応じて、メニューを提示する立場です。議員から求めがあったら、備えていたメニューを速やかに、余裕をもって提示すること、この場面こそが、議会事務局職員本来の存在価値の一端であり、「腕の見せどころ」なのです。
　そして、決定はあくまで議員です。議会事務局としてメニューは並べますが、どれを選択するかは議員自身であることを、議員と議会事務局職員の両者がしっかりと自覚することが肝要です。

③議会事務局職員が発意するとき

　そうはいっても、議会事務局職員から発意すべき場面もあります。ただ、前述の「発意」とは若干意味が異なることに注意してください。
　このことは、行政職員が「法令の忠実な執行者である」という観点から導かれます。
　議会事務局職員も行政職員である以上、「法令の忠実な執行者」です。
　自らが法令を忠実に執行すること、それは取りも直さず、議員に法令を遵守させることであり、さらには、議員が目指す方向について法令の根拠を固めることでもあります。
　端的にいえば、「議員に対して、法令を語ること」、これが、議員の補佐役たる議会事務局職員の担うべき大きな役割です。ここでいう発意は、制度の創設、改廃などといった「本流」の発意ではなく、本流の発意の実現に向けてサポートすることを目的とした、バックアップ的な発意、ということです。
　主役と裏方の明確な役割分担、政と官の役割分担に由来するこの大原則を常に心に刻んで行動する。これが、議会事務局職員の作法です。

▶▶ 議会事務局職員の議員対応

　執行機関の管理職にとって、議員対応は頭痛のタネだといわれることがあります。議員対応の「むずかしさ」は、議会事務局職員にとってもいえることです。

　議会事務局職員は日々議員と接して仕事をします。議会事務局職員は議員の補佐役として席を与えられているわけですから、執行機関とはその距離感が違います。対峙する相手からボスとなったわけです。

　されど、相手は「議員」です。執行機関の上司とは、その独立性が格段に違います。一人ひとりが政治的正統性をもっています。まず、このことを心得て対応することが、議会事務局職員には求められます。

①議員との距離のとり方

　議会事務局職員は、裏方として議会、議員に仕える立場ですが、それは無条件に議員の言いなりになることとは違います。

　この絶妙な距離感を言葉で説明するのは、なかなか難しいことです。ただ、1つはっきりしているのは、議会事務局職員は、議員の公設秘書ではないということです。議会事務局は議会活動を補佐する機関であり、議会事務局職員は、議会における議員の活動を補佐することが仕事です。

　「仕える」といっても、おのずからその範囲には限界があります。議会活動とそれ以外との区別は実際には難しいところもありますが、心得としては、そのあたりの線引きを自覚しながら議員と接するべきです。

　それともう1つ、議会事務局は議員の補佐役ですが、それは「すべての議員に対して」補佐する役割を担うということです。これを全うするには、議会事務局は「ニュートラル」であることが必要です。特に、政治的な判断については、首を突っ込むことは絶対に許されませんし、巻き込まれることも避けなければなりません。

　客観性・中立性を貫く。これが議会事務局職員の心得の1つです。

②会派は仲良しグループではない

　着任したばかりの議会事務局職員は、「同じ会派の議員は仲がよい」と思い込みがちですが、必ずしもそうとは限りません。

　よって、議員から議会事務局に問合せがあった場合、その回答は、当然、当該議員に直接すべきです。一見、軽微と思われる案件であったとしても、同一会派だからという理由で他の議員に伝える、または話してしまうことは絶対に避けるべきです。

　「会派は仲良しグループではない」、これが原則です。

　会派内における人間関係の「最新情報」を議会事務局職員が把握することは困難です。

　よって、議会事務局職員は、「同じ会派の議員は仲がよい」という思い込みを捨てて議員対応にあたるべきです。

　何といっても、ほとんどの地方議会議員は、大選挙区制で選出されています。ひとたび選挙となれば、全員がライバルになるといっても過言ではありません。会派の結成は当選した後の話なのです。

③相手を観察する力

　そうするとやはり、「議員対応とは個々の議員との対応である」ということになります。議員一人ひとりの個性を見極めることが、スムーズな対応の実現につながります。

　議会事務局に配属となって間もないうちは、「議員と話をする」となると、つい身構えてしまうでしょう。執行機関での経験からすれば、無理もないことです。

　ただ、前述のとおり、議会事務局職員のボスは議員です。執行機関にいたときとは距離感が違います。すべてをリセットする理由がここにあります。そして、議員の補佐役としての職務を全うするために、議員との人間関係をゼロから構築するのです。

　相手の個性を見極める観察眼。これを養いながら、議員から信頼される真の議会事務局職員へとステップアップしましょう。

④議会事務局としての情報管理

　議員対応においてもう1つ心得ておくべきことは、議会事務局としての情報管理の側面です。

　例えば、ある議員から、別の議員に関する動向を尋ねられたという場面です。議会事務局職員としては、事務局としての職務に直接関係する話にとどめるのが無難です。

　また、議会事務局がもっている情報について尋ねられたという場面でも、それが決定事項となるまでは憶測で回答することは控えるべきです。はっきりしない事実については「わからない」と答え、後で上司に、尋ねられた内容を報告しましょう。上司は自らが対応するか、あるいは「××と答えてこい」と指示するでしょう。こうして、議会事務局としての情報管理が確立することになるのです。

第2章

本会議・委員会の進め方

2|1 ◎…本会議の流れ

▶▶ 意思決定を行う最高の場

　本会議は、議会において、議員全員が集まって行われる会議であり、議会が意思決定を行う最高の場です。

　本会議の定足数は、原則として所属議員の半数以上とされています（自治法113条本文）。この所属議員の半数以上の出席は会議を開くための要件であり、かつ、いったん開かれた会議を継続するための要件でもあると解されています。

①定例会と臨時会・通年議会・通年会期制

　会議には、自治法上、定例会と臨時会があります。

　定例会は、毎年決まった時期に開かれるもので、その回数は条例で定めます（自治法102条2項）。

　多くの議会では、定例会は年4回（2月または3月、6月、9月、12月のパターンが多い）開くこととしていますが、中には年3回（例：大阪府、群馬県）、年2回（例：秋田県、神戸市）あるいは年1回（通年議会。例：三重県、四日市市、北海道白老町）とする議会もあります。

　また、会期を年1回とする議会には、平成24年の自治法改正により制度化された通年会期制（自治法102条の2）を導入しているところもあります（例：栃木県、柏崎市、北海道森町）。

　臨時会は、必要がある場合において、その事件に限って招集される会議です（自治法102条3項）。なお、通年会期制を採用している議会では、1年を通して「定例会」が開かれていますので、臨時会を開くという余地はなくなります。

②本会議の３つの捉え方

「本会議の流れ」という場合、大別して３つの捉え方があります。

１つ目は、各定例会における流れです。それぞれの定例会において順次進められる日程で、「本会議の流れ」といえば通常はこちらを指すでしょう。議会事務局職員になったら、まず頭に叩き込む必要がある流れです。

年度で捉えた流れとしては、長の施政方針表明、当初予算、決算が典型例です。これらは毎年決まった時期に行われますから、その時期に当たる定例会は、他の時期の定例会とは違う流れとなってきます。

また、任期レベルで流れを捉えることもできます。議員あるいは役職の任期を単位として、正副議長の選挙、議席の決定、委員会の委員その他の役職の任命、副知事・副市町村長の選任同意などが挙げられます。

これらは毎定例会行われるものではなく、役職や議員の任期をサイクルとするものです。ただし、任期満了をまたずに辞職するなどの事情があり得るため、必ずしも定期的になされるものではありません。

これらの本会議の流れは、議会が自ら定める会議規則（自治法120条）によって規律され、これに従って進められます。

▶▶ 各定例会における本会議の流れ

各定例会では、おおむね次の要領で本会議が進められます。なお、日程の順序については各議会で異なります。

①議案の審議

まず、長の招集告示（自治法101条）により定例会の開会日時が決まり、長から議案が送付されます。また、議長から執行機関に対して出席要求が出されます（自治法121条）。開会日の本会議では、まず会期を決定して、議会の活動期間を確定します。

続いて、長が提出する議案が上程され、議題となります。議題は議案ごとに設定されるほか、関連する複数の議案をまとめて一括議題とする方法もあります。議事日程は議案ごとに定められるので、提案説明や質

疑は議案ごとに行われることとなりますが、一括議題とされた議案については、これらをまとめて提案説明や質疑が行われます。

「質疑」＝「疑義を質す」、すなわち当該議案について不明な点を問い、その意図するところを聞くことを指すことから、質疑においては自己の意見を述べることができないとするのが一般です。

議案質疑が終わると、さらに詳細な審査を行うため、議案は所管事項に応じて委員会に付託されます。付託された議案について委員会が可決すべきか否かを決定したら、各委員会から審議の結果が本会議に報告されます（委員長報告）。その後、報告に対する質疑を経て、討論そして採決となります。

採決の方法には、投票による採決、起立採決、挙手採決、簡易採決などがあります。通常は起立採決が用いられ、その他議事の進行等に関する表決で全会一致が見込まれるものについては「異議なし」の簡易採決を用います。簡易採決で異議が出た場合は、改めて起立採決を行います。なお、一括議題とされた議案についても、採決は個別に行います。

条例の制定・改廃の議決は、3日以内に議長から長へ送付されます（自治法16条1項）。

②一般質問

議案の審議と並んで本会議を構成するもう1つの柱が、一般質問です。一般質問は、当該自治体の行政一般に関して、議員が長をはじめとする執行機関に対し、方針や事実等の説明を求めたり、所見を聞くことです。

「質問」＝「質す、問う」ですから、一般質問では、議員が自己の意見を表明し、これについての所見を執行機関に質すことができます。

③発議その他の議事

予算以外の議案については、議員からも提出することができます（自治法112条）。議員提出議案を一般に「発議」といいます。意見書案（自治法99条）や決議案、委員会条例などの議会関連条例案が典型例です。

その他の議案としては、議会選出委員（例：監査委員、農業委員）の推薦や選挙などがあります。

▶▶ 質疑・質問の通告

多くの議会では、議員が質疑や質問を行うにあたって、事前に通告を行っています。質疑・質問の通告は文書で行うのが一般的です。

①通告制の趣旨

通告制の趣旨は、おおむね次の2点にあると考えられます。

1つは「議事の円滑な運営」です。

これは、本会議を構成する議長及び議員に向けた内部的な目的といえます。事前に質疑・質問の内容を通告することで、議長にとっては議事整理権（自治法104条）を行使する際の目安となるほか、同じテーマについて質疑・質問をしようとする他の議員にとっても、自分の質疑・質問を組み立てる上での目安となります。

もう1つは「わかりやすい質疑・質問の実現」です。

これは、議員以外、特に住民に向けられたいわば外部的な目的です。まず、事前の通告によって、執行機関側は質疑・質問者の意図に沿った答弁を事前に組み立て、あるいは当該議員と質疑応答の内容を調整することができ、かみ合った議論になることが期待されます。整理された議論は住民にとっても理解しやすいものとなるでしょうし、通告が公表されれば、住民が議会を傍聴する上でも1つの道しるべとなり得ます。

執行機関側との答弁調整については、本会議で議員、執行機関とも原稿を読んでいるだけの形になり、「緊迫感に欠ける」といった批判もあります。しかし、行政事務は多様化・専門化を深めており、また執行機関側には人事異動もありますから、文字どおり丁々発止で議論を行うのは実際上は容易ではありません。また、住民にとっても、傍聴してみたものの、内容はちんぷんかんぷん……ということになりかねません。こうした意味では、答弁調整にも一定の役割と効果があるといえるでしょう。

以上からすれば、質疑・質問の通告は一定程度具体的であることが求められます。ただし、具体性が過ぎると議員自身がこれに拘束されてしまい、かえって議論の成熟が妨げられる可能性もあります。

②質疑・質問通告が提出されたときの留意事項

　議会事務局は、議員から通告書の提出を受け、これをチェックしますが、おおむね次の２点に留意する必要があります。

　まず、通告書上の客観的事実に関する記載が正確かどうかのチェックです。法律や役職、施設等の名称は、正式なものでないとしても、誤解を招かないよう配慮することが求められますし、あるできごとが起こった時期や場所の確認も必要です。本会議の発言は重いものです。発言の訂正や取消しの種をあらかじめ取り除いておき、円滑な議事運営を図ることは、議会事務局職員の大事な役割の１つです。

　もう１つは、質疑者同士の関係に対する配慮です。同じような内容について複数の議員が通告書を提出する場合、先に通告した議員（先順位者）が触れた内容と同じ質疑を、後に通告した議員（後順位者）が行うのは効率的ではありません。そこで、通告内容に一定程度の具体性を求めることとして、後順位者には先順位者の通告と重複しないように誘導する必要があります。

　ただし、前述のとおり、過度に具体性を求めるのはかえって議会全体にとってマイナスに作用する可能性もありますから、通告の仕方については申し合わせなどでルール化しておくのが有効です。

▶▶ 委員会との関係　―「熟議」にふさわしい場所とは―

　「本会議での議案質疑は大綱にとどめる」という趣旨の申し合わせをしている議会が多くみられます。詳細な質疑は付託先の委員会で行うべしとする、委員会中心主義の観点から導かれるものとされています。

　ただ、この考え方は一方で、本会議での議員の発言を制限する側面も秘めています。また、その徹底は、委員会の公開の程度にも関係してくるでしょう。自治法115条１項は、会議公開の原則を定めていますが、

委員会については触れていません。

　実際、委員会の傍聴は、多くの議会で許可制を建前としていますし、複数の常任委員会を同時に開催するか、個別に開催するかということも、傍聴の機会に関係します。また、本会議では定着した感のあるインターネットなどによる中継も、委員会については導入しきれていないということもあります。

　加えて、会派制をとっているとしても、それぞれの委員会が議員の一部で構成されていることは事実ですから、「議員の発言の機会の確保」「傍聴の機会の確保」の両面で、本会議での質疑が詳細化するのも実際にはやむを得ない部分があると思います。

　委員会は議案を詳細に審査する場所として設置され、本会議から付託された議案を専門的に審議するとされています。それはそれでよいとは思いますが、肝心なのは、二元代表制の一翼として政治的正統性をもつ議会が、長から提出された議案をしっかりと審査することです。

　議案について「熟議」を重ねるのが議会の本来的な役割です。その場として、委員会が本会議よりもふさわしいとはいいきれません。

　熟議がなされるには多様な考え方の存在が前提となります。複数の住民代表たる議員で構成されているのが長と議会の決定的な違いであることからすれば、委員会もさることながら、議員全員で構成され、かつ公開を原則とする本会議こそが本来「熟議」の場にふさわしいと考えることもできるのではないでしょうか。

2-2 ◎…会議原則

▶▶ 会議のありようを知る

　地方議会には、いろいろな会議原則があります。
　会議原則と呼ばれるものの中には、自治法や会議規則に明確に規定されているものと、明文規定はないものの脈々と受け継がれているものとがあります。
　法定されているものについては、ある意味絶対的なものといえますが、法定されていない会議原則は、その適用についてその時々で強弱がある、すなわち絶対的なものではないといえます。
　会議原則の数は、数える人によって異なるといわれています。ここでは、紙幅の許す範囲でご紹介しましょう。

▶▶ 法定されている会議原則

　まずは、法定されている会議原則です。法定されているものは、条文を読むことによって、その内容を知ることができます。

①会議公開の原則

　会議公開の原則については、自治法115条に規定があります。

> **■地方自治法**
> 　第115条　普通地方公共団体の議会の会議は、これを公開する。但し、議長又は議員3人以上の発議により、出席議員の3分の2以上の多数

> で議決したときは、秘密会を開くことができる。
> ② 前項但書の議長又は議員の発議は、討論を行わないでその可否を決しなければならない。

　会議公開の原則には3つの要素があります。傍聴の自由、報道の自由及び会議録の公表です。この3要素のすべてを実現させてこそ会議公開の原則が全うされているといえます。

　また、会議公開の原則の例外として、非公開で行う秘密会があります。

②定足数の原則

　定足数の原則は、自治法113条に定められています。

> ■地方自治法
> 第113条　普通地方公共団体の議会は、議員の定数の半数以上の議員が出席しなければ、会議を開くことができない。但し、第117条の規定による除斥のため半数に達しないとき、同一の事件につき再度招集してもなお半数に達しないとき、又は招集に応じても出席議員が定数を欠き議長において出席を催告してもなお半数に達しないとき若しくは半数に達してもその後半数に達しなくなつたときは、この限りでない。

　自治法113条における定足数の意義については、「議会は現在員の半数以上をもって開会することはできない」旨の行政実例（昭和28年8月5日）があります。現在の議員の半数が出席していたとしても、議員定数の半数以上に満たなければ会議を開くことはできないのです。

　また、会議の定足数に満たない議会における議決は、当然無効である（松山地判昭和25年4月20日）という裁判例があります。

　なお、議決の定足数には特例があります。長の不信任議決（自治法178条3項）などがその例です。

③過半数議決の原則

過半数議決の原則は、自治法116条に規定されています。

> ■**地方自治法**
>
> 第116条　この法律に特別の定がある場合を除く外、普通地方公共団体の議会の議事は、出席議員の過半数でこれを決し、可否同数のときは、議長の決するところによる。
> ②　前項の場合においては、議長は、議員として議決に加わる権利を有しない。

過半数議決においては、議長に表決権はありません。採決の結果、可否同数となったときには、議長が裁決をします。

また、議長裁決については、法定されていない会議原則として現状維持の原則があります。これは、議長は、裁決権の行使にあたっては、これを消極に行使するという考え方で、その名のとおり、現状を変えない方向の判断をするというものです。

しかし、この原則は今日ではその地位が低下しているとされています。議長の政治的判断が重視されてきていることや、参議院において、昭和50年7月4日に河野謙三議長が「政治資金規正法の一部を改正する法律案」について、平成23年3月31日に西岡武夫議長が「国民生活等の混乱を回避するための平成22年度における子ども手当の支給に関する法律の一部を改正する法律案」について、それぞれ可決に裁決したことによるといわれています。

④一事不再議の原則

一事不再議の原則は、議会が一度議決した案件と同一と認められる案件については、同一会期中には審議しないというもので、自治法ではなく、標準会議規則（都道府県会規15条、市会規15条、町村会規15条）に定めがあります。

確かに、いわゆる再審議を認めてしまうとキリがないという意味では正当性があるといえます。一方で、同一会期中といえども、社会情勢の

急激な変化など「事情の変更」により、同じ案件を再び議論の俎上に乗せる必要も生じ得ることから、この「事情の変更」が一事不再議の原則の例外とされています。

一事不再議の原則については、平成24年の自治法改正で通年会期制の選択が可能となったことにより、会議規則の規定ぶりを再考する議会が出てきています。これは、通年会期制を導入すると、1年間で会期の切れ目がなくなり、したがって一事不再議の原則がそのままでは1年間機能しなくなることになるからです。そこで、一事不再議の例外的な取扱いである「事情の変更」を明文化する例がみられます（金沢市議会会議規則14条、大津市議会会議条例8条など）。

⑤可を諮る原則

可を諮る原則は、議長が表決をとろうとするときは、問題を可とするかを諮るというもので、標準会議規則（都道府県会規80条、市会規70条、町村会規81条）に規定があります。例えば、委員長報告が当該議案について「否決すべき」とした場合でも、本会議での表決は、委員長報告のとおり「否決か」ではなく、議案に「賛成（可とする）か」を諮ります。

この原則は、会議の能率的運営からの要請だといわれています。

仮に反対表決として、反対者を起立させた場合、起立少数が直ちに案件賛成には結びつかないということなのです。つまり、起立しなかった者の中には態度保留者などが含まれるので、再度、賛成者の起立を求めなければならない、よって採決を二度行う必要が生じ、能率的でないということです。

⑥会期不継続の原則

会期不継続の原則は、自治法119条に規定があります。

> ■地方自治法
> 　第119条　会期中に議決に至らなかつた事件は、後会に継続しない。

まさに、会期の終了によって議決に至らなかった事件、議案は消滅し、後会に継続しないということであって、言い換えれば、議会は会期ごとに独立していることを意味しています。

この例外が、議会閉会中における委員会の継続審査（自治法109条8項）です。この継続審査については、「閉会中の審査期間は、必ずしも次の会期までとは限らないが、その継続審査に特に期限を付さない限りは、原則として次の会期までと解するのが相当である」とする行政実例（昭和25年5月3日）があります。

▶▶ 法定されていない会議原則

法定されていない会議原則は、その取扱いは必ずしも1つではないとされています。いくつか紹介します。

①議員平等の原則

議会の構成員としての議員は法律上、対等・平等であるということです。確かに、当選回数の多いベテラン議員の発言には重みや影響力があります。しかし、法律上は平等であるというものです。

②発言自由の原則

発言自由の原則は、住民代表としての議員の言論は、十分に尊重され、保障されるべきであるというものです。

ただし、地方議会の議員には、国会議員のような院外無答責（憲法51条）がありません。よって、本会議、委員会での発言について刑事ないし民事責任を問われる可能性があります。名誉棄損で損害賠償を請求されることもあり得るのです。

③公正指導の原則

公正指導の原則は、議長は議員全体の代表者として中立公正の立場を堅持すべきであるというものです。この原則から、議長となった際には所属会派を離脱するというケースもあります。

④議案不可分の原則

　議案不可分の原則は、1つの議案は不可分のものであって、分割して扱うことはできないというものです。

　この原則との関係では、予算案の分割付託が問題となります。実際、地方議会においては予算案を分割して常任委員会に付託している例も多いようです。一方、分割付託を避けるため、特別委員会を設置する方法のほか、平成18年の自治法改正で1人の議員が複数の常任委員となる途が開かれたことから、予算常任委員会を設置する例も出てきています。

▶▶ 議会事務局職員にとっての会議原則

　議会事務局職員としては、会議原則のうち、法定されているものを理解しておくことは必須です。さらに、法定されていないものについても、その背景、趣旨を押さえておくことによって、議会事務局職員としての成熟度が増していきます。

　議会運営は、議案の内容や修正動議の提出、あるいは時々の会派の勢力分布の変動などの影響を受けます。イレギュラーな事態が生じたとき、特に、その事態に適用されるべき法令の規定が見当たらない場合に、会議原則は議会運営を再び円滑にするためのヒントとなることがあります。会議原則の趣旨を論理的に理解して、眼前の事態に当てはめを試みる姿勢、これは議会事務局職員の危機管理の1つともいえるでしょう。

2|3 ◎…会議での発言

▶▶「言論の府」議会の本質的要素

　議会は「言論の府」といわれます。憲法93条1項にあるように、さまざまな政治課題に対して、熟議をもって判断する「議事機関」であるがゆえです。
　会議での発言は、議会活動の本質的な位置を占めるものです。したがって、会議における議員の発言は最大限尊重され、保障されなければなりません。この「発言自由の原則」は、議会の根本的な原理の1つです。

①発言の種類

　本会議をひととおり眺めてみると、出席者である議員、執行機関それぞれが、議事日程や進行に応じてさまざまな形の発言を行っています。
　議員が行う発言の代表的なものが、質疑と質問です。
　質疑は上程された議案に対して、質問はその他行政全般に関して行われます。いずれも、議会に期待されている行政監視機能、政策立案機能を存分に発揮するものです。
　議員の質疑や質問に対して、執行機関が行うのが答弁です。
　答弁では、議員の問題意識に対して、執行機関としての現状認識や、事業効果、今後の展開などの見解が述べられます。住民にとって、現時点での行政側の態度が表明される答弁は大きな関心事といえますから、議員としても住民代表として、執行機関から「いい答弁」を引き出すよう、質疑や質問のテーマ、展開などを十分に吟味して臨む必要があるでしょう。

議員が行う発言では、討論も重要なものです。

討論は、質疑が終了した後、表決の前に行われ、自身の表決態度を表明してその理由などを述べるもので、自身の政治姿勢や考え方を示す場の１つです。討論は、議案に賛成、反対の者が交互に行うのが原則です（討論交互の原則）。

このほか、会議における発言には、議案の提案理由の説明、委員長報告及び少数意見報告、各種の動議、議事進行に関する発言などがありますが、すべての発言は、議長の許可を要します（都道府県会規49条、市会規50条、町村会規50条）。議長の許可を得ずになされた発言は不規則発言であり、会議録に掲載されないほか、内容によっては懲罰の対象になり得ます。

②発言の制限 ―秩序と品位―

会議での発言は、その本質的な重要性から自由が保障されますが、一方で、発言には一定の制限がかかります。

議会は住民代表たる複数の議員が議論を経て意思決定を行う合議体ですから、そのプロセスである議事運営は、秩序を守り、円滑に行われる必要があります。発言の制限はこうした要請に基づくものであり、議長は秩序維持権、議事整理権（自治法104条）をもってコントロールします。したがって、過度の制限は問題となり得ますが、制限の具体的な方法や範囲などは、それぞれの議会が自律的に決めるべきものです。

議員の発言の制限について、自治法は「紀律」の節にいくつかの規定を置いています。発言の制止・取消し・禁止、議場外への退去（129条1項）、会議の閉会・中止（同条2項）、議員による議長の注意喚起（131条）、無礼の言葉などの禁止（132条）などです。

自治法は「秩序を乱す」「無礼の言葉」などの語句を用いています。また、標準会議規則は、議員は「議会の品位」を重んじなければならないとしています（都道府県会規108条、市会規151条、町村会規102条）。

この「品位」は、自治法で用いられるそれぞれの語句を包括する表現といえます。一方で、どのような発言が「品位」を傷つけるかを判断す

るのはなかなか難しいことです。この場面は、それぞれの議会の風土・文化が表れるところですから、これまで積み重ねられてきた先例が1つのよりどころとなります。

③ローカルルールとしての発言の制限

その他、会議規則に定めがある発言の制限としては、まず、発言はすべて簡明にすること、議題の範囲内にとどめること、質疑における自己の意見表明の禁止を定める、発言内容の制限があります（都道府県会規53条、市会規55条、町村会規54条）。

また、発言回数、発言時間の制限（都道府県会規54・55条、市会規56・57条、町村会規55・56条）、選挙・表決の宣告後の発言の制限（都道府県会規59条、市会規61条、町村会規60条）もあります。

これらの制限の具体的な内容は、それぞれの議会において、議会運営委員会などで決定されます。要するに「ルール」です。したがって、「議会の数だけルールがある」と言っても過言ではありません。

例えば、質疑の発言時間の制限については、ただ何分というだけでなく、答弁時間を含むかどうかの違いがあります。もちろん、どちらがいい悪いの話ではありません。ただ、議会事務局職員としては、自分のいる議会の議事運営も「一例にすぎない」ということを意識しておくべきでしょう。

④議事進行に関する発言

議事進行に関する発言（以下、単に「議事進行」といいます）は、議員が議事を進める上での問題について、直接議長に対し、質疑、異議あるいは要望を述べる発言をいいます。

標準会議規則では、議題に直接関係のあるもの、または直ちに処理する必要があるものとされ（都道府県会規56条、市会規58条、町村会規57条）、その対応は、議事進行の発言を許さないことも含めて、議長の裁量によります。

▶▶ 議事進行がかかったときの心がけ

　議事進行は次第書にない展開ですから、議会事務局職員としてはヒヤッとすることもあります。このときにまず心がけるべきは、議事進行の内容が事実かどうかを落ち着いて確認することです。

①会議での発言は重いもの

　実際の議事進行の多くは、対象となる発言の内容に事実誤認や不適切な部分があるとの疑義がある場合になされます。

　これは、会議での発言は重いものであることからくる指摘といえます。一方、議事進行自体も、対象となる発言を尊重した上でなされる必要があります。例えば、宮城県女川町議会の先例集では、議事進行は「他の議員の発言中は、その発言が終わった後に許可されるのを例とする」とされています。

②議事進行の対応例

　議事進行がかかったとき、一般に、議長は「ただいまの○○議員の議事進行につきましては、後刻（速記録などを）調査の上回答いたします」と宣告し、いったん預かります。これは、発言を尊重する見地から、発言内容を確認した上で措置するのが適当と考えられるからです。

　議会事務局職員は、議事進行で指摘された発言内容を速記録や録音などで確認し、指摘事項に該当するかを調査します。

　事実確認ができたら、議長同席の上で発言者に指摘への対応の意向を確認し、段取りが整ったら、本会議で議長が結果を報告します。議長の措置を受け、発言者は必要に応じて、発言の訂正、取消しなどを行うこととなります。

　議事進行の対応は、それぞれの議会で培われてきた経験がものを言う場面です。議会事務局職員は、実際の会議で経験を積むことで、その手法を少しずつマスターしていきましょう。

2|4 ◎…委員会の流れ

▶▶ 詳細かつ専門的に審査する機関

　委員会（常任委員会）は、それぞれの所管事項に応じて本会議から付託された長提出議案について、詳細かつ専門的に審査を行い、その結果を本会議に報告することを目的とする下審査機関です。
　委員会における審査の流れは、おおむね次のとおりです。

①付託を受けて審査が始まる
　委員会は、本会議からの議案の付託により審査を開始します。付託先は各委員会の所管事項に合わせて決められ、付託を受けて委員長は委員に招集通知を発し、そこに記載された期日において委員会が開かれます。
　委員長による開会宣言の後、各議案について審査が行われます。まず、議案の提案理由について、出席理事者に対し、本会議以上の説明があれば補足的にこれを求めます。

②委員会での質疑　―本会議との違い―
　提案説明が終わると、質疑に入ります。
　本会議の質疑が「大綱」について行われるのに対して、委員会は「詳細」「専門的」な質疑を行う場とされています（委員会中心主義）。付託に基づく本会議と委員会との役割分担です。
　したがって、委員会では「議題について自由に質疑し又は意見を述べることができ」（都道府県会規66条、市会規115条、町村会規67条）ます。本会議での発言が原則として文書による通告制をとっていること

との対比です（質疑・討論につき、都道府県会規50条1項、市会規51条1項。一般質問につき、都道府県会規60条2項、市会規62条2項、町村会規61条2項）。

また、質疑は執行機関が行う個別事業の内容の細かいところまでなされますので、執行機関側も、個々の事業の内容について熟知している課長クラスの職員が答弁するのが一般です。

こうした制度的な保障に基づいて活発な議論が行われた後、討論そして採決となり、当該議案に対する委員会としての意思が決定されます。

③本会議への報告

委員会の意思決定の内容は、本会議で委員長が報告を行います。これが委員長報告です。委員長報告は、委員会でなされた審査の経過及び結果を本会議に伝え、もって本会議の意思決定の参考とするためのものです。したがって、委員長個人の主観的な意見は排除されるほか、少数意見についても報告される途が用意されています（都道府県会規40条、市会規39条、町村会規41条）。

なお、委員会としての意思決定は本会議での意思決定の参考にはなりますが、これを拘束することはありません。委員会で否決すべきと報告された議案が、本会議で可決されたというケースは往々にしてあります。

また、本会議で可否同数となった場合の議長裁決において、当該議案を付託した者として、委員会での審査を尊重することを理由に、議長が委員長報告と同旨の意思表明を行うといった例もみられます。現状維持原則とはまた違う、しかし説得力ある根拠だと思います。

▶▶ 委員会の審査をスムーズに進めるには

前述のように、本会議に比べて活発な議論が期待される委員会ですが、合議体である以上、審査のスムーズな進行も当然求められます。そのために、委員長には議事整理権、秩序保持権が与えられています（都道府県委条8条、市委条11条、町村委条10条）。

①「議題外」の質疑の整理

前述のように、委員会の審査では、委員は「議題について自由に」質疑し及び意見を述べることができます。

ただし、自由闊達な議論は議題についてのみ行われるべきであり、それ以外は「議題外」として、委員長が議事整理権に基づいて制止することが求められます。例えば、契約金額の変更議案の場合、議題としては契約の変更部分に限られますから、契約締結時における相手方の選定方法を問うことは議題外の質疑となり、委員長はこれを制止すべきです。

ただ、実際に質疑がなされる場面では、審査の流れや質疑の仕方、言い回しなどによって、同じ内容でも本来の議題との関連度の強弱が変わることがあり、「議題外」という線引きは難しいものがあります。

②委員長が質疑をする場合

審査の進行を務める委員長が質疑をする際は、すべての委員の質疑が終わった後に行うべきとされます。副委員長が質疑をする際は、委員長の直前に行います。これをルール化している議会では、委員長が質疑を始めた時点で、当該議案につき他の委員は質疑できなくなります。

③議会事務局職員による書記としての役割

議会事務局職員は、書記として委員会に同席します。書記は委員会の審査がスムーズに進むよう、委員長をサポートします。

まず、開会前に、委員長と打ち合わせを行い、次第書の確認をします。打ち合わせでは、議論の紛糾、修正案が出る気配、可否が拮抗する可能性など、議案ごとの付随的な情報も両者で確認しましょう。

開会中、書記は審査のゆくえを注意深く見守ります。議論が紛糾したり、質疑が議題外の内容になったりしたときなどは、委員長自ら判断して議事整理権や秩序保持権を行使することはもちろん、必要に応じて書記がこれらの権限行使のタイミングを委員長に助言することも求められます。

会議の主宰者はあくまで委員長です。書記ができることは助言にとどまりますが、それでも、手遅れとなるのはいただけません。議事の進行

上疑義が生じたり、紛糾したときは、書記は迷わず「休憩」のサインを委員長に送り、いったん会議の進行を止めた上で、以後の対応を委員長や上司などと協議するようにしましょう。

▶▶ 委員会での修正案の取扱い

最後に、委員会で修正案が出た場合について考えてみましょう。

本会議と異なり、委員会では1名で修正案を提出することができます。すなわち、修正しようとする者は、あらかじめ案を用意して、委員長に提出します（都道府県会規68条、市会規101条、町村会規69条）。

①提案説明・質疑の場面

修正案は、対象となる議案（原案）に付随して審査が行われますが、その取扱いについては、次の2つの方法が考えられます。

まず、当該議案（原案）の審査に入ると同時に、委員長が修正案を委員に配付する方法です。配付後、原案と修正案を一括議題とし、それぞれの案について提案説明がなされます。質疑の方法は、個別案ごとに行うか、両案合わせて行うかが考えられますから、委員長が委員に諮っていずれによるかを決めます。質疑者としては両案合わせてのほうが同じ問いを各提案者に聞くには都合がよいですが、採決は個別案ごとに行うため、委員長報告も個別案ごとのほうがわかりやすいという面もあります。なお、修正案が複数提出された場合は、原案と修正案の2グループに分けて質疑を行います。

もう1つは、当該議案（原案）の質疑終結後に修正案を委員に配付する方法です。事前に提出されていても、原案の質疑終結までは修正案は委員長の手許に置かれています。委員に配付後は、修正案について提案説明、そして質疑となります。したがって、この場合は原案と修正案とで提案説明と質疑は自動的に分離されます。

②討論・採決の場面

原案・修正案いずれの質疑も終結したら、討論となります。委員会で

の討論も、討論交互の原則に基づき、反対、賛成の交互に行います。修正案が提出された場合は（修正案＝原案に一部反対の意により）、原案賛成 → 原案・修正案とも反対 → 原案賛成 → 修正案賛成、の順となります。

討論が終結したら、いよいよ採決に移ります。採決は原案に遠いほうから行いますから、まず修正案を採決し、修正案が可決なら、修正部分を除く原案の採決となります。修正案が否決の場合、原案を採決します。

③修正案複数の場合の採決

問題となるのが、修正案が複数ある場合の採決の手順です。一度議決した案件と同一の案件については同一会期中には議決しないという「一時不再議の原則」との関係です。

右の図1において、
ア：修正案A固有の部分、
イ：修正案Aと修正案Bの共通部分、
ウ：修正案B固有の部分、
エ：修正案A、修正案Bを除く原案
（ア、イ、ウにつき原案の同等部分はア'、イ'、ウ'）とします。

（図1）

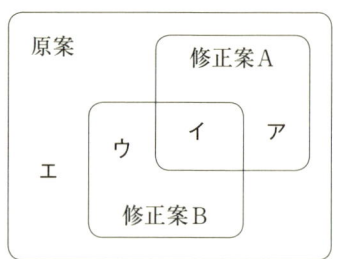

原案／修正案A／エ／ウ／イ／ア／修正案B

一時不再議の原則に抵触しない運営をするには、まず、修正案Aと修正案Bの共通部分（イ）を採決します。最初に修正案A（アイ）または修正案B（イウ）を先に採決すると、一方が可決、一方が否決となった場合にイの部分で矛盾が生じることになるからです。

次に、共通部分を除く修正案A（ア）を採決します。この場合、否決の公算が高い修正案から先に採決すると、すべての案について表決を行うことができます（先に採決した共通部分を除く修正案A（ア）が可決であれば、修正案A全体（アイ）が可決となり、これと矛盾する修正案Bは議決不要となります。もっとも、修正案の採決順序についても、委員長が委員に諮るのがベターです）。修正案Aが否決されれば、次に、共通部分を除く修正案B（ウ）を採決します。

そして最後に、（修正部分を除く）原案について採決します。

すなわち、共通部分（イ）可決、共通部分を除く修正案Ａ（ア）否決、共通部分を除く修正案Ｂ（ウ）可決のときは、修正案Ｂを除く原案（エ＋ア'）について採決し、共通部分（イ）可決、共通部分を除く修正案Ａ（ア）可決、共通部分を除く修正案Ｂ（ウ）否決（議決不要を含む）のときは、修正案Ａを除く原案（エ＋ウ'）について採決します。また、両修正案とも否決の場合は、原案（エ＋ア'＋イ'＋ウ'）について採決します。

しかし、現実には、各修正案の共通部分は数カ所に散らばっていたり、あるいは共通部分が微細にとどまるということもあります。その場合は、採決のわかりやすさという観点から、共通部分がないもの（右図２）とみなして採決を行うよう、委員会に諮ることが考えられます。

（図２）

原案　エ
　修正案Ａ　ア
　修正案Ｂ　ウ

こうなれば話は単純です。修正案のうち否決の公算が高いほう、例えば修正案Ａ（ア）をまず採決し、これが否決された後、修正案Ｂ（ウ）を採決します。修正案Ｂ可決の場合は、修正案Ｂによる修正部分を除く原案（エ＋ア'）の採決に移ります。修正案Ｂ否決の場合は、原案（エ＋ア'＋ウ'）について採決するという流れになります。

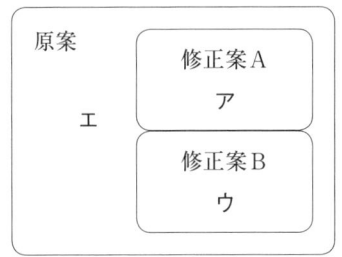

2-5 ◎…委員会付託

▶▶ 委員会審査のスタートボタン

　議会に提出、上程された議案は、まず本会議で提案説明がなされ、質疑が行われます。質疑が終結した後、議案は所管に応じて各委員会で専門的かつ詳細な審査に付されます。これが委員会付託です。
　委員会は議案の付託を受けて初めて審査を開始することができます。付託は、委員会での審査のいわばスタートボタンです。

①委員会付託の手続

　常任委員会の場合、議案は、これを所管事項とする委員会に対して、議長の職権（都道府県会規38条1項本文、市会規37条1項本文）又は議会の議決（町村会規39条1項本文）により付託されます。議会運営委員会の所管に属する場合についても同様です。
　これに対して、特別委員会に付託する場合は、議会の議決が必要となります（自治法109条4項、都道府県会規38条1項ただし書、市会規37条1項ただし書、町村会規39条1項ただし書）。

②委員会付託の省略

　委員会制度の趣旨より、議会に提出された議案は、専門的かつ詳細な審査を行うため委員会に付託されるのが原則ですが、議会の議決により委員会付託を省略することができます（都道府県会規38条3項、市会規37条3項、町村会規39条3項）。委員会提出議案は原則として委員会付託されません（都道府県会規38条2項、市会規37条2項、町村会規39条2項）。

通常どのような議案について委員会付託を省略するかは、申し合わせで決められており、おおむね次のようなものがあります。
　まず、人事議案です。監査委員等の選任同意議案、人権擁護委員の推薦に関する諮問議案などがあります。委員会での質疑と答弁の中で、対象となる人の人格やプライバシーに過度に踏み込んでしまうおそれを避けるため、委員会付託を省略するものとされています。
　次に、意見書案や決議案です。いずれも議員の発議によるものですが、議案の提出前後の段階で各議員がその内容を十分に理解しているためというのが理由とされています。同じ理由で、議員提出議案全般について委員会付託を省略する例もみられます。いずれにしても、特に十分な審査が必要と思われる議案については、所管する委員会に付託されます。
　長の専決処分（自治法179条）の承認議案も、委員会付託を省略するものとされます。処分による効果はすでに発生しており、承認が得られなくても専決処分の法的効力には影響しないというのがその理由と考えられます。ただ、一方で、平成24年の自治法改正において、議会が不承認とした場合の長の「必要と認める措置」に関する規定が追加されました。専決処分の不承認は、単に議会の意思を示すだけでなく、長に対して一定の負担を求めるものとなったのです。こうしたことからすれば、専決処分の承認議案も、場合によっては委員会に付託して詳細な審査を経ることも考えてよいのではないでしょうか。
　逆に、付託を省略できない事件として、懲罰（都道府県会規117条、市会規161条、町村会規111条）及び資格決定（都道府県会規106条、市会規149条、町村会規101条）の事件があります。いずれも議員の身分に関する重要な案件であるため、委員会で慎重な審査を行うべきものとされています。

③付託替え・再付託・再審査

　付託替えは、ある委員会に付託した事件について、その事件を本来所管すべき他の委員会に付託し直すことです。通常の付託と同様の手続で行われ、したがって常任委員会から特別委員会への付託替えには議会の

議決が必要です。

　再付託は、委員会の審査・調査を経て報告された事件について、なお審査・調査を要すると認める場合に、その事件を同一の委員会又は他の委員会に付託することをいいます。審査が不十分、あるいは事情変更といった理由でなされることがあります。

　類似するものとして、再審査があります。審査をやり直すという点では再付託と同様ですが、再付託は付託する側の意思でなされるのに対し、再審査は付託された委員会が自発的に申し出るものです。

　付託替え、再付託、再審査とも、そうそう起こるものではないとは思いますが、委員会条例の改正に際して、閉会中継続審査事件の付託先が変わる（＝付託替えを要する）、あるいは付託し直す、という問題が生じ得ます。条例改正の前後で、委員会の同一性が失われる場合です。もっとも、改正条例の経過措置でみなし規定を置くことで、こうした手続の煩雑を避けることができます。

④請願の委員会付託

　請願は、請願文書表の作成、配付により、所管の常任委員会または議会運営委員会に付託されます。委員会での審査は請願文書表で行われますが、付託されるのは請願文書表ではなく請願です。特別委員会に付託することもできますが、その際は前述のように議会の議決を要します。

　２以上の委員会の所管に係る請願については、２以上の請願が提出されたものとみなし、それぞれの委員会に付託します（都道府県会規90条3項、市会規141条3項、町村会規92条3項）。

　これは、請願についての特例規定です。各委員会に付託された請願は別個のものとみなされますから、委員会ごとに採択・不採択の結論が異なっても問題ありません。また、別個の請願とみなすので、後述の分割付託とは異なります。

▶▶ 分割付託と予算案・決算案

　複数の常任委員会の所管に属すると考えられる１個の事件について、

複数の委員会に分けて付託することを、分割付託といいます。
　分割付託は、特に予算案及び決算案において、地方議会で多く行われている手法ですが、会議原則の1つである「議案不可分の原則」との関係が問題となります。

①審査方法のバリエーション

　委員会での予算案・決算案についての審査方法には、さまざまなバリエーションが考えられます。
　実際の例では、①予算案については常任委員会に分割付託し、決算案については特別委員会に付託する、②予算案・決算案とも、特別委員会に付託する、③予算案も決算案も常任委員会に分割付託する、④予算／決算常任委員会に付託する、の基本的な4パターンがみられます。
　このうち、特別委員会に付託する場合も、一般会計と特別会計以下、あるいは、一般会計及び特別会計と、公営企業会計とに分けて別個の特別委員会とする、といった方法がみられます。
　さらに、特別委員会あるいは予算／決算常任委員会については、定数についていくつかのパターンがみられます。
　他の常任委員会と同程度とする、議長あるいは副議長以外の全議員で構成する、決算についてはさらに監査委員を除く全議員で構成する、といった具合です。また、全議員あるいはそれに近い「大所帯」の場合、「全体会」の中に、常任委員会ごとにそれぞれの所管事項に対応する「分科会」を設け、詳細な審査を図るというケースが多くみられます。

②分割付託のメリット・デメリット

　ここで、改めて分割付託について考えてみましょう。
　予算案・決算案は、当該自治体全体に関わる重要な議案であると同時に、各行政分野における事務事業そのものの執行ないし評価に直接関わります。その重要性から、多くの議員が審査に参加することを希望しますし、それぞれの事務事業について専門的かつ詳細に審査されるのが望ましいといえます。
　常任委員会への分割付託は、こうした要請に応えられることに加え、

分担により効率的な審査も期待できます。特に予算案についてはこうしたニーズや効果が顕著であるため、決算案は特別委員会を設置しても、予算案については常任委員会に分割付託する、という形をとる例が多いのが現状です。これが分割付託のメリットです。

　他方、分割付託のデメリットとして挙げられるのは、各委員会で表決結果が異なる場合、特に、ある委員会で歳出につき修正議決がなされた場合に、歳入が他の委員会に付託されていると整合性がとれなくなるといわれる点です。加えて、そもそも分割付託は「議案不可分の原則」に反するという問題もあります。

③行政実例は消極、それでも分割付託する事情

　行政実例では、「一議案を二以上の委員会に付託すべきものではない」「予算は不可分であつて、委員会としての最終的審査は一つの委員会において行うべく、二以上の委員会で分割審査すべきものではない」（行政実例昭和29年9月3日）として、分割付託については消極に解しています。

　実はこれ以前にも分割付託について否定的な行政実例は出ています。いってみれば、昔からダメだとされているのですが、前述のメリットがあることから、現在まで分割付託が広く行われてきたのです。

　これには、ある事情がありました。かつて自治法は、1人の議員は1つの常任委員会の委員にしかなれないと制限していたのです。

④自治法改正で流れが変わった？

　しかし、平成18年の法改正でこの制限はなくなりました。「少なくとも一の常任委員となるもの」とされたのです。さらに現行法では、平成24年の改正で委員会に関する規定がさらに簡素化され、「少なくとも一の……」も撤廃されています。

　これにより、予算・決算についても常任委員会を設ける自治体が出てきました（三重県、秋田市、会津若松市など）。分割付託しなくても前述のメリットを享受できる途が開けたのです。議長あるいは副議長を除く全議員が、従来の常任委員会のほかに、予算／決算常任委員会の委員

となり、その下に従来の常任委員会の所管に準じて分科会を設けるというスタイルが確立されつつあります。

では、分割付託のその他のデメリットとされる部分はどうなるのでしょうか。予算／決算常任委員会の下に分科会を設ける場合でも、分科会ごとに判断のバラつきは生じ得ます。ほぼ議員全員で構成されているなら、分科会での判断のバラつき、特に修正の問題は、全体会でやはり整合をとることになるでしょう。

分割付託の場合でも、例えば、A常任委員会で可決、B常任委員会で否決すべきとの委員長報告がなされたとしても、これらは参考にすぎず、本会議の表決では予算全体について各議員が可否を判断します。委員長報告同士で意見が分かれても構わないのです。さらに、C常任委員会で歳出予算を修正議決した場合も、修正に賛成する議員は、歳入を所管する委員会（通常は総務委員会）の表決結果を踏まえて、本会議で修正案を提出することで予算案全体を修正することができます。

この点は、予算／決算常任委員会の分科会と全体会でも同様といえるでしょう。本会議での修正案提出と同様の措置を、全体会で整合をとる手続として再構築することとなります。本会議での修正案提出に準ずるとするのか、それとも予算／決算常任委員会内の手続として簡易化・簡素化するのか、議会事務局職員の「備え」が試される場面の1つかもしれません。

26 ◎…常任委員会

▶▶ 常任委員会とは何か

　常任委員会については、自治法109条に規定があります。
　その第1項において、まずもって常任委員会は必置ではなく、各議会が条例によって任意に設置する機関なのだと書かれています。
　「条例で……置くことができる」、いわゆる「できる規定」です。
　そして、第2項にその役割が規定されています。この第2項が、常任委員会を設置した場合における委員会の存在意義のいわば中核です。

■地方自治法

　第109条　普通地方公共団体の議会は、条例で、常任委員会、議会運営委員会及び特別委員会を置くことができる。
② 　常任委員会は、その部門に属する当該普通地方公共団体の事務に関する調査を行い、議案、請願等を審査する。
③・④　（略）
⑤ 　第115条の2の規定は、委員会について準用する。
⑥ 　委員会は、議会の議決すべき事件のうちその部門に属する当該普通地方公共団体の事務に関するものにつき、議会に議案を提出することができる。ただし、予算については、この限りでない。
⑦ 　前項の規定による議案の提出は、文書をもつてしなければならない。
⑧ 　委員会は、議会の議決により付議された特定の事件については、閉会中も、なお、これを審査することができる。
⑨ 　前各項に定めるもののほか、委員の選任その他委員会に関し必要な事項は、条例で定める。

①委員会活用の妙

　常任委員会はあくまでも条例で置くことができる任意設置の機関です。しかし、全国市議会議長会の調査（平成25年12月31日現在）によれば、812市すべての議会が常任委員会を設置しています。1委員会のみ設置している議会が4市、最多は8委員会の横浜市会です。

　1委員会のみ設置し、全議員が常任委員になっている議会があります。

　全議員といっても議長を除いている場合もありますが、1つだけ設置する意義とは何ぞやと、素朴な疑問をもつ向きもあるかもしれません。

　しかし、ここにこそ委員会活用の真骨頂があります。

　典型例は、議案に関する「継続審査」です。委員会は、ある特定の事件につき、議会の議決を経て閉会中も審査することが可能です（自治法109条8項）。その他、後述する「懇談調」の進行形式により自由度が高い審査が可能であることも、本会議とは別に委員会を設置するねらいの1つと考えることができます。

②委員会は本会議の下審査機関である

　常任委員会は、議案・請願などについて、本会議から付託を受けて審査を行い、その結果を本会議へ報告します。すなわち、常任委員会は本会議の下審査機関という位置づけであり、そこでの審査の結果が直接、本会議の意思となるわけではありません。

　もちろん、常任委員会は本会議の縮図であるべきですから、会派構成などは本会議のそれに見合うように委員が選任されるのが一般です。それでも、ある議案について、常任委員会では可決、本会議に戻って否決、またはその逆、といった例は特段珍しくはないのです。

③真の言論戦がここにある

　常任委員会の最大の役割は、議案、請願等をみっちりと審査し、本会議に対して最終判断の材料を提供することです。

　「地方議会は議事機関（憲法93条1項）であり、議事機関とは、熟議する場である」という理屈からすれば、何といっても議案の審議こそが議会の究極的な存在意義なのですから、そこに判断材料を提供する常任

委員会の責任は重大です。

そんな常任委員会は、懇談調で進んでいきます。委員は、いわばざっくばらんに、議案についての疑義を執行機関にぶつけ、また請願等の意図するところについて議論します。

となると、改めて「常任委員会とは何か」、それは、委員が議案について細部にわたり納得いくまで質疑し、執行機関はそれに応じていくもの、そして、請願等については、その願意が当該自治体の利益となるかどうかを検討するものであるといえます。

すなわち、真の言論戦がここにあるのです。

④真の言論戦に立ち会う議会事務局職員

真の言論戦ですから、いきおい質疑の内容が議案等の審査の域から外れているように感じられることもあります。しかし、それが実は核心の質疑に入る前振りであったりしますから、委員長をはじめ、委員長を補佐する書記その他の議会事務局職員は注意が必要です。そこで、各委員の質疑スタイルを把握しておくことが求められるのです。

書記は、自らが担当する常任委員会を構成する委員について、過去の委員会における質疑の仕方、テクニックを分析しておく必要があります。

さらには、委員のホームページ、ブログなどをチェックしておくとよいでしょう。議案に対する問題意識を発信していることがあるからです。これらの作業は短時間で済むことですから、結果として「ムダ」になったとしても「損をした」と落ち込むことはありません。

議会事務局職員の「備え」のうち、99パーセントは「捨て」になるものといえます。しかし、残りの1パーセントを発動する事態が起こったとき、この「備え」のあるなしで、事が大きくなったり、極論すれば何事もなかったかのようになったりします。

大事に至りそうな局面で「事なきを得た」ときに、書記と委員長の信頼関係が強固なものとなります。「事なきを得た」とき、そのときが完全に書記が委員長の懐に入った瞬間です。

▶▶ 議長が常任委員になること

　長岡市議会ホームページには、議会用語の解説があります。そこでは、常任委員会について次のように書かれています。

　長岡市議会では「総務」、「文教福祉」、「産業市民」、「建設」の4つの常任委員会が設置されています。
　議員はいずれか1つの常任委員会に所属することになっています。ただし、議長は慣例により、常任委員会の委員を辞退することになっています。

長岡市議会委員会条例は、上記について次のとおり定めています。

■**長岡市議会委員会条例**
　（常任委員会の構成、名称等）
　第2条　議員は、少なくとも1の常任委員となるものとする。
　②　議長は、前項の規定にかかわらず、常任委員を辞退することができる。
　③　（略）

　長岡市議会だけでなく、委員会条例において「議長が常任委員を辞退することができる」「常任委員とならないことができる」旨を規定している議会は散見されます。下記の横浜市会以外にも、郡山市議会、習志野市議会、逗子市議会、宮崎市議会などがこれに当たります。

■**横浜市会委員会条例**
　（委員の所属及び選任）
　第6条　議員は、少なくとも1の常任委員となるものとする。ただし、市会の同意を得た場合は、議長は、常任委員とならないことができる。
　②〜⑥　（略）

①議長として、そして1人の議員として

　議長が常任委員とならないことについての根拠は、会議原則の1つである「公正指導の原則」に求められるとされています。

　公正指導の原則とは、議長は中立公正な立場を堅持して議会運営に当たるべきであるというものです。

　では、この原則を議案等の審査の場面に当てはめて考えてみましょう。

　先に、「常任委員会こそが真の言論戦の場である」と述べました。となると、ポイントは、議案等について、徹底的に疑義を質し、本会議に判断材料を渡す、この場面で議長が常任委員の立場で活躍することに不都合が生じる可能性があるかないかです。

　この点、少なくとも、議案等について疑義を質している場面は、常任委員としての役割を全うしているものと考えられます。それでなくとも大勢力を誇る首長が提出してきた議案です。議会側としては、少数精鋭軍団たる常任委員会の場で、さまざまな角度から議案をチェックしたいところです。

　となると、議長にも常任委員の立場で大いに質疑してもらいたいと考える流れとなります。

　しかし、表決の場面はどうでしょう。議長には本会議において可否同数となった場合の決裁権があります（自治法116条1項）。いわゆる「議長の裁決」です。

　つまり、議長は本会議において、しかも可否同数という微妙な場面で伝家の宝刀を抜く立場にあります。この点から考えると、議長が委員会において賛否を表明することは、可否同数の場合の決裁権者という立場から自重すべきである、という考えに至ります。

　このような議論は、常任委員すなわち「1人の議員」としての立場と、「議長」としての立場とが、同一人に併存していることに起因しています。そして、いくつかの解決策が考えられるところです。

　「同一人であっても、委員会では一議員として、本会議では議長として、それぞれの立場を堅持すればよい」という考え方によれば、議長が常任委員となっても問題とはならず、本会議で可否同数となったとして

も、議長の裁決は一定のルール（現状維持の原則や委員長報告のとおりとするなど）に従って行えば、議長の中立公正性を維持できるとなります。

　他方、特に表決の場面で問題だという立場からは、そもそも議長は常任委員とならない旨を委員会条例で規定する、あるいは常任委員となってもすぐ辞任する、といった方法が考えられるでしょう。

②二枚看板を使い分ける困難さ

　もし、常任委員会における議長の行動が公正指導の原則に反するとされた場合、中立公正が求められる議長にあるまじき行為として、議長不信任決議へと問題が発展する可能性は否定できません。政治の世界では、本当に何が起こるかわかりません。

　実際、議長が常任委員として質疑し、討論することを法は禁じていないとしても、発言の仕方によっては議長が旨とすべき中立公正性を阻害するとみなされることもあるでしょう。そのために議長が常任委員とならないことは、議会の危機管理の１つなのかもしれません。

　表決についても、理屈上は、常任委員会では委員としての、１人の議員としての判断で賛否を表明し、本会議で可否同数になったときは議長として「総合的に勘案し」裁決を下すこととなります。

　ここで両者の間に齟齬があったとしても、それは「委員」と「議長」の違いをわきまえたことに由来するものですから、態度の矛盾ではないということもできるでしょう。しかし、人間としては１人ですから、そこに２つの相反する意思が存在する可能性を、果たして住民は素直に受け入れることができるのでしょうか。

　ちなみに、町田市議会では、議長は常任委員となりますが、採決の場面では退席しています。

27 ◎…議会運営委員会

▶▶ 議会運営の司令塔

　常任委員会、特別委員会に説明員として出席したことがあっても、議会運営委員会に出席したことがあるという職員はまずいないでしょう。

　市議会でいえば、市長、副市長、教育長、総務部長、総務課長あたりぐらいではないでしょうか。執行機関の職員にとってほとんどなじみのない委員会が議会運営委員会、通称「議運」です。

　議会運営委員会については、自治法109条に規定があります。

■地方自治法

　第109条　普通地方公共団体の議会は、条例で、常任委員会、議会運営委員会及び特別委員会を置くことができる。
　②　（略）
　③　議会運営委員会は、次に掲げる事項に関する調査を行い、議案、請願等を審査する。
　　一　議会の運営に関する事項
　　二　議会の会議規則、委員会に関する条例等に関する事項
　　三　議長の諮問に関する事項
　④～⑨　（略）

---

①議会運営委員会の設置

　議会運営委員会は、自治法109条1項のとおり、その設置は任意です。ただし、全国市議会議長会の調査（平成25年12月31日現在）に

よれば、全国812市議会のすべてに議会運営委員会が設置されています。

設置されるとその所管事項は法定されていますので（同条3項）、委員会条例といえども所管事項を変更することはできません。

②ありとあらゆることが議運マターになり得る

議会運営委員会の所管事項は、自治法109条3項各号に掲げられています。順に検討してみましょう。

①議会の運営に関する事項

この規定によって、議会に関するありとあらゆることが「議運マター」になり得ます。「議会の会議の運営」に関する事項ではなく、「議会の運営」に関する事項だからです。議会事務局のベテラン職員でもこのことを理解していない人がいますので、初任者は早めに肝に銘じておくとよいでしょう。

②議会の会議規則、委員会に関する条例等に関する事項

議会運営委員会は、会議規則、委員会条例など、議会内部を規律する例規について議論し、提案します。

この関連で、「常任委員会に関する条例の発案権は議員に専属する」旨の行政実例（昭和22年8月8日）があります。

例えば、執行機関の組織改正により局や部の名称が変更され、行政組織条例が改正されるようなケースでは、長は当該局、部の名称が入っている条例を一括条例でまとめて改正します。しかし、委員会条例だけはこの改正の対象から除外されています。委員会条例の発案権は議員に専属するとされているからです。

したがって、このような行政組織条例の改正に伴う委員会条例の改正については、議会運営委員会による委員会提出議案、あるいは議会運営委員会の委員全員による議員発議案として、単独で上程されるのが一般です。なお、この場合、行政組織条例の改正案が可決成立することが条件となりますから、委員会条例の改正案はその後に発議されることになります。

③議長の諮問に関する事項

会期、議事日程、議案の付託先、発議案の取扱いなどについて、議長が案を示し委員に諮ります。

このように、議会運営委員会は、議会内部の組織や制度から、個々の定例会や臨時会における具体的な運営に至るまで、議会の活動に関わる広範な事項を所管します。議会運営委員会が議会の「司令塔」とされるゆえんです。

③議会運営委員会に関する取決め

各議会では、会派制をとる場合、議会運営委員会に委員を選出できる交渉団体を定義して委員の選任基準について定めたり、交渉団体とならない会派にはオブザーバーとして議会運営委員会に議員の出席を求めることなどについて、申し合わせその他の方法で取決めをしています。

例として、川口市の規程をみてみましょう。

■川口市議会運営委員会規程

（委員の選出）
第3条 委員は、各会派の所属議員の比率により選出する。
2 前項の会派とは、3人以上の所属議員を有する交渉団体をいう。
（会派に属さない議員の出席）
第4条 会派に属さない議員は、委員会が必要と認めるときは、委員会に出席し、発言することができる。
（議長及び副議長の出席）
第5条 議長及び副議長は、委員会に出席するものとする。

▶▶ 議会の縮図を垣間見る

川口市の例のように、会派制をとる場合、議会運営委員会の委員は、会派を代表して委員会に出席し、会派としての意見を開陳しています。

他の委員会とは異なり、議会運営委員会においては、委員は個人とし

ての発言をしないのが一般です。

　つまり、この舞台でのやりとりが、まさに今の議会の縮図なのです。

　テーマとなっている問題について、各会派がどのように考えているのか、意見の近い会派と遠い会派、力関係など、議会運営委員会の場に入るとこうしたことをおぼろげながらでも感じることができます。そして、こうしたことを知っておくこと、見聞きしておくことが、議会事務局職員の職務上どこかの場面で役に立つことがあります。

　執行機関の議員対応とはまた一味違った議員対応が求められる議会事務局職員にとって、許されるならば議会運営委員会の場に入って、委員同士の生のやりとりを聞いておくこと、それは先々への「備え」となるのです。

　前出の全国市議会議長会の調査によれば、議会運営委員会をインターネットで生中継している市議会は21市（2.6％）、録画配信している市議会は19市（2.3％）です。

　全国812の市議会すべてに議会運営委員会が設置されていることから考えると、その善し悪しは別として、常任委員会と比較してかなり少数となっています。冒頭で、議会運営委員会は執行機関の職員にとってほとんどなじみがないと述べましたが、同様の意味で、やはり公開にはなじみにくい委員会なのです。その理由は前述のとおり、議会運営委員会というものが、会派を代表する委員で構成され、議会の縮図として、政治判断を多分に含んだ協議を行う場であるからと考えることができるでしょう。

　だからこそ、議会事務局職員は、議員が政治家であり、日々の業務において政治の場に立ち会っていることを改めて意識し、議会運営委員会でのやりとりをぜひ聞いておくべきだと思います。幸運にも議会運営委員会を録画配信している議会の事務局職員は、委員会の場を生で体感できなかったとしても、録画配信を見てそこでのやりとりを確認しておきたいところです。

28 ◎…特別委員会

▶▶ 特定の付議事件を所管する臨時的機関

　特別委員会は、特定の事件について設置される委員会です。所管事項は議会によって付託された特定の事件・事項（付議事件）のみで、設置されたその会期中に限って、付議事件について審査・調査を行います。
　特別委員会は自治法109条において、常任委員会（2項）、議会運営委員会（3項）と並んで規定されています（4項）。

■地方自治法
　第109条　普通地方公共団体の議会は、条例で、常任委員会、議会運営委員会及び特別委員会を置くことができる。
　②・③　（略）
　④　特別委員会は、議会の議決により付議された事件を審査する。
　⑤～⑨　（略）

---

①特別委員会の設置・構成

　特別委員会も、他の委員会と同様に、自治法109条1項に基づく委員会条例の規定により設置されます。すなわち、議会の議決により、委員の指名を経て、その委員の中から委員長・副委員長が互選されます。
　常任委員会との違いは、主に以下の点にあります。
　まず、常任委員会は、その部門に属する自治体の事務（所管事項）を対象とするのに対し、特別委員会が設置される目的は特定の事件（付議事件）に関する審査であることです。したがって、当該事件の審査が終

了すれば、特別委員会は消滅します。審査の終了とは、通常、本会議への報告がなされ、承認の議決が行われることを指します。

　また、常任委員会の委員の定数はあらかじめ決められており（都道府県委条2条、市委条2条、町村委条2条）、委員の任期も決まっている（都道府県委条3条、市委条3条、町村委条3条）のに対し、特別委員会の定数は議会の議決で委員会ごとに都度定められ、また、委員は付議事件が審査されている間在任し、任期はありません（都道府県委条4条、市委条6条、町村委条5条）。

②付議事件

　特別委員会による審査の目的である付議事件の一般的な内容は、おおよそ次のようなものが考えられます。

　まず、当該自治体が抱えている重要な案件です。大規模な市街地再開発事業、高速道路や鉄道の敷設など、自治体の将来に大きく関わるような案件について、執行機関の対応や取組みの状況等をチェックするほか、執行機関などに対して提案や要望を行う機能を担います。

　次に、複数の常任委員会の所管事項にまたがる案件です。例えば、自治体としての危機管理や防災のあり方は、防災計画等の策定をつかさどる危機管理部門のほか、都市計画、建設、道路、緑地、小・中学校などの各部門にも関わる可能性があります。これらのうち特に重要な部門を所管する常任委員会が複数となるときは、1つの特別委員会を設置し、そこで一括して審査するのが効果的・効率的となる場合があります。

　もう1つは、議会が特に必要と認める事件です。特別委員会の設置は、事業の実施規模、期間、費用、効果などの面で、団体意思の決定機関として議会もこの案件にしっかり対処するのだという意思の表れとみることができます。

　以上3つの内容は、特別委員会の付議事件を考える上でのものさしの1つであって、むしろ重なってくるのが通常であると思われます。

▶▶ 特別委員会はどのように活用されているか

　このようにみてくると、特別委員会には、当該自治体の事務のうち議会が何に注目しているかが表れているといえそうです。
　では、実際にはどのように活用されているのでしょうか。

①特別委員会の態様と具体例

　各議会で実際に設置されている特別委員会の態様は、以下の4つのタイプに分けて考えることができます。
　1つ目は、国などの事業や施策に対し、地元自治体の考えを取りまとめ、意見や要望等として伝えるものです。当該自治体の区域内に高速道路、鉄道、空港、基地、原発といった施設の設置に関するものがこれに当たります。例としては、常磐自動車道建設促進特別委員会（宮城県亘理町）、新幹線・鉄道問題対策特別委員会（青森県）、軍事基地等対策特別委員会（名護市）、原子力安全対策等特別委員会（鹿児島県）、産業廃棄物最終処分場対策特別委員会（栗東市）などがあります。
　2つ目は、当該自治体の事業や施策に対し、住民代表たる議会の考えを取りまとめ、意見や要望として伝えるものです。庁舎や公園、清掃工場といった公の施設の建設、再開発事業、危機管理、行財政改革に関するものなどが挙げられます。このタイプの例としては、庁舎整備特別委員会（西条市）、新清掃工場整備特別委員会（成田市）、駅前等再開発特別委員会（摂津市）、減災対策推進特別委員会（横浜市）、外郭団体に関する特別委員会（神戸市）などがあります。
　3つ目は、議会内部に関するものです。議会改革、議会としての広報などに関するものがこれに当たります。議会改革特別委員会（静岡市、伊勢市など）、議会広報広聴特別委員会（流山市）、議会だより編集に関する特別委員会（島田市）などがその例です。その他、議員の資格決定や懲罰事件についても特別委員会が設置されます。
　4つ目は、予算・決算に関するものです。予算案、決算案は当該自治体のすべての事業、言い換えればすべての常任委員会の所管事項に関わるものですから、その審査のために1つの特別委員会を設置するという

考え方です。予算と決算について別個の特別委員会とする（例：岩手県）、まとめて1つの特別委員会とする（例：東大和市）、決算だけ特別委員会を設ける（例：倉敷市）、一般会計、特別会計あるいは公営企業会計で区分する（例：柏崎市）など、さまざまな形があります。

②特別委員会とするメリットについて考える

前述のように、特別委員会は、ある特定の事件の審査に特化した機関ですが、特定事件に特化するという意味では、特別委員会ではなく、会議規則に基づく「協議又は調整を行うための場」（自治法100条12項）や、議長の私的諮問機関とすることも考えられます。これらとの比較において、特別委員会の特長を考えてみましょう。

まず、特別委員会は自治法109条に基づいて設置されますから、同条に定める公聴会・参考人の制度が使えます（5項）。また、議案提出権がありますから、付議事件に関する決議案を直接提出できます（6項）。

さらに、特定の事件が複数の常任委員会に分割付託されることを回避できるという意義もありますし、執行機関を含めて、対外的に議会の重要関心事としてアピールできる政治的な効果もあるといえます。その他、特別委員会のほうが予算の確保が容易であるともいえるでしょう。

逆にいえば、こうした特長を十分に活かせないのであれば、特別委員会を設置する必要性は薄いと考えられます。いずれにしても、議会の議決により設置されるものですから、特別委員会とするかを最終的に決めるのは議員の判断です。議会事務局の役割は、ある案件を審査するにあたり特別委員会を設置することにメリットがあるかを考え、議員からの問いかけに備えておくことです。

29 ◎…公聴会・参考人

▶▶ 公聴会制度と参考人制度の関係

　公聴会及び参考人の制度は、自治法115条の2に規定されています。
　これらはもともとは委員会について規定が置かれていましたが、平成24年の法改正で「議会」、すなわち本会議においても公聴会の開催と参考人の招致が可能とされました。これに伴い、従前から可能であった委員会での両制度の活用については、法文上は、115条の2の規定を「準用」する形となりました（自治法109条5項）。

> **■地方自治法**
> 　第115条の2　普通地方公共団体の議会は、会議において、予算その他重要な議案、請願等について公聴会を開き、真に利害関係を有する者又は学識経験を有する者等から意見を聴くことができる。
> ②　普通地方公共団体の議会は、会議において、当該普通地方公共団体の事務に関する調査又は審査のため必要があると認めるときは、参考人の出頭を求め、その意見を聴くことができる。

　公聴会及び参考人の制度は、当該事件に関して識見を有する者といった第三者を呼んで意見を求めるもので、ともに議案等の審議の充実に寄与するものであるといえます。
　実際の制度の活用状況をみると、全国市議会議長会の調査（平成25年12月31日現在）によれば、平成25年の1年間で、常任委員会において公聴会が開催された事例は1件、参考人招致の事例は401件となっています。

この数字が示すように、参考人制度の活用事例のほうが圧倒的に多く、公聴会の開催事例は多くありません。これは、参考人制度の手続の簡便さによるものといわれています。すなわち、標準会議規則や標準委員会条例によれば、公聴会を開くにあたっては、まず議長が開催の要旨について公示を行い、意見を述べようとする者はその旨を申し出る必要があるのに対し、参考人制度の場合は当該参考人に招致の要旨を議長名で通知すればよいとされています。

▶▶ 参考人制度の活用事例

　さて、全国市議会議長会の調査で1年間に401件という事例がある参考人招致ですが、どのように活用されているのでしょうか。

①参考人制度活用の典型例

　先に述べたとおり、参考人制度の趣旨は、第三者の識見を取り入れて審議の充実を図るものです。ここでいう「第三者」は、本会議や委員会を構成するメンバー以外の者という意味であって、そこには当該事件の関係者などを含みます。

　参考人制度が活用される1つの場面は、当該自治体に関係する他の行政機関が手がける事業について、その事業者を招いて事業の内容や進捗状況などをヒアリングし、これに対して自治体としての意見や要望を伝えるというものです。例えば、当該自治体の区域内で鉄道や高速道路などの建設計画がもち上がったときに、建設事業を実際に手がける者や、その認可・監督権者である国などの担当者を参考人として招くというケースが考えられます。

　当然のことながら、こうした一大プロジェクトを円滑に実現させるには、地元住民や自治体の理解と同意、そして住民に対する説明責任を果たしていくことが求められます。地元の理解を得るためには、例えば駅やインターチェンジを設置して地元経済の活性化に資する、あるいは騒音などの公害の軽減策を盛り込む、線路や道路によって分断される地域では往来のための施設を設置する、などの要望や条件についてともに検

討することも必要とされるでしょう。

　このような国などによる一大プロジェクトに対して、地元自治体としては議会に特別委員会を設置するといった対応が多くなされます。その中で、参考人制度は、地元の住民代表たる議員が事業主体に対して、地元としての要望や意見をぶつけ、事業主体側の確約を取り付けたり、あるいは妥協点を模索するといった議論の場として活用されています。

②請願者の意見陳述の機会の保障としての参考人制度

　ところで、先の全国市議会議長会の調査において、実際に行われた参考人招致の事例のうち、その目的の多くは請願・陳情の審査だといわれています。

　では、請願・陳情の審査において参考人制度はどのように活用されているのでしょうか。和泉市議会での事例を紹介します。

■和泉市議会における請願者の意見陳述について
　　　　　　　　　　　　　　　　平成23年第3回定例会から実施

1．目　的
　　請願の委員会審査の場において、請願者の思いを直接伝える機会があれば、請願者のみならず、審査する委員の立場からも有効な情報になると考えられます。これら審査の充実を図るため、委員会が持つ参考人制度を活用して、請願者の意見陳述を行うものです。
2．請願者の意見陳述
　　請願者の意見陳述とは、請願者が所管する委員会委員に対し、提出された請願書における「請願の趣旨」の説明として、請願を提出するに至った思いや意見を述べることをいいます。また意見陳述の終了後、各所管委員会委員は、請願者本人に質疑を行うことができます。
3．請願者の意見陳述の申請方法
　(1) 意見陳述の有無　請願者本人の希望制とします。（希望されない場合は、紹介議員が行います。）
　(2) 意見陳述の確認方法　請願者が議会事務局に持参される場合は、その提出時に事務局職員が意見陳述の希望確認と説明を行います。
4．請願者の意見陳述の方法

⑴ 意見陳述の開催時期　委員会の開会中に行います。
⑵ 出席できる人数　請願者は2名までとします。（請願の代表者）
⑶ 意見陳述の時間　5分以内とします。
⑷ 請願者に対する質疑　参考人制度の趣旨にしたがって委員は請願者に質疑ができますが、請願者から委員に質疑することはできません。
⑸ 資料等の配布について　資料等の配布は原則として認めませんが、パネル等を利用して意見陳述を行うことについてはこれを認めます。
⑹ 同趣旨の請願が複数付託された場合　一括議題として、各請願について意見陳述から質疑までを行います。討論及び採決はそれぞれ分けて行います。
⑺ 同趣旨の議案が付託された場合　一括議題として、請願、議案の順に意見陳述（請願のみ）から質疑までを行います。また討論及び採決については分けて行います。
5．請願者への費用弁償　日当1,000円のみを支給します。（和泉市実費弁償条例第3条の規定による）

　和泉市議会における請願者の意見陳述については、まず、1の目的の記述から、請願者本人の権利行使という側面と、委員会による請願審査の充実という側面の両面への目配りがうかがえます。

　次に、3の請願者の意見陳述の申請方法をみると、請願者本人の希望制としています。本人が希望しない場合は、紹介議員が行うとしているあたりから、請願者本人が希望すれば、よほどのことがない限り、意見陳述が可能なのだろうと読めます。となると、和泉市議会における請願者の意見陳述は、請願者による請願権の権利行使を眼目としていると考えることができます。

　そして、5の請願者への費用弁償については、日当1,000円のみ支給するとしています。参考人招致ですから、実費弁償が必要です。和泉市の場合、実費弁償条例1条の規定により、実費弁償額は日額4,000円です。しかし、請願者の意見陳述については、同条例3条で日当1,000円と規定しています。参考人制度の趣旨を堅持しながら、請願者本人の権

利行使を保障するという制度設計の中での工夫なのだと感じます。

もう1つの例として、芦屋市議会での請願の取扱いをみてみましょう。芦屋市議会も、請願者の意見陳述を認めています。

> ■芦屋市議会請願・陳情取扱要綱
> 　（請願の審査）
> 第8条　委員会は，付託された請願を速やかに審査するものとする。
> 2　委員会は，請願の審査のため必要があると認めるときは，次に掲げる事項を行うことができる。
> ⑴～⑷　（略）
> ⑸　参考人の出席を求め，意見を聴取すること。
> ⑹　（略）
> 3～6　（略）
> 　（請願者の趣旨説明（口頭陳述））
> 第9条　請願者（請願者が2人以上の場合は，請願代表者）から趣旨説明（口頭陳述）の申出があるときは，委員会はこれを認める。
> 2　前項の申出は，請願者自身が直接議会事務局に申し出るものとし，第6条に定める本会議で議題とする請願の提出期限までに申し出なければならない。
> 3　趣旨説明（口頭陳述）のため，委員会に出席できる者は，請願代表者を含め2人までとする。この場合において，趣旨説明（口頭陳述）は，審査の冒頭5分間程度とし，請願者に対する質疑は，請願趣旨の確認程度にとどめる。
> 4　前項の規定により請願者が委員会に出席したときは，費用弁償は支給しない。

芦屋市議会でも、請願者の趣旨説明（意見陳述）は請願者からの申出によるものとされ、申出があれば委員会はこれを認めるとあります（取扱要綱9条1項）。和泉市議会と異なるのは、取扱要綱9条4項で、費用弁償は支給しないと規定している点です。また、取扱要綱では、請願者の趣旨説明とは別の条で、委員会は参考人を招致することができる旨定めています（8条2項5号）。

取扱要綱8条2項5号は、参考人について「出席を求め」としていま

す。請願者の趣旨説明が本人の申出によるのと対照的です。このように、取扱要綱の規定ぶりから、請願者の意見陳述は参考人制度とは別である、との芦屋市議会の意思が読み取れます。

　一般論としては、参考人制度を採用するのであれば通常の日当を支払っていいのではないかという論、また、請願者本人の希望によって意見陳述の機会を保障していること、これは請願権の権利行使の延長線上にあるのだから、参考人制度にはなじまない、権利の行使にお金は払えないという論もあるかと思います。

　請願者の意見陳述を請願権の権利行使とシンプルに捉えるならば、権利の行使に対して日当を支払うことには違和感が残るところです。芦屋市議会の例はこうしたスタンスに立っているものと考えることができます。

　他方、議会として、請願については請願者本人から意見を聴きたいという意思が常に先にあるのだとすれば、日当を用意して意見聴取の場を設けることは、それはそれでアリなのかもしれません。そして、日当を支給する根拠として、議員と執行機関以外の者が登場する参考人制度の仕組みを文字どおり「活用」する、ただし、請願者本人の申出によることと、「出席を求める」参考人制度との違いはやはり気になるため、通常の日当よりも低く抑えることで妥協を図る、と思考を整理することができると思います。

　和泉市議会の例は、このような総合的な勘案を経て中庸に落とした、「やわらかあたま」の政策法務といえるでしょう。

2|10 ◎…会議の傍聴

▶▶ 会議公開原則と傍聴の自由

　いわゆる会議原則の1つに「会議公開の原則」があります。これは、自治法115条本文にはっきりと規定されている原則です。

> ■地方自治法
> 第115条　普通地方公共団体の議会の会議は、これを公開する。但し、議長又は議員3人以上の発議により、出席議員の3分の2以上の多数で議決したときは、秘密会を開くことができる。
> ②　（略）

①傍聴の自由は会議公開原則の中核

　この会議公開の原則を構成する要素として、「傍聴の自由」「報道の自由」「会議録の公表」の3つが挙げられています。これらの要素すべてが満たされてはじめて、会議公開の原則が全うされているといえるわけです。

　この3つの要素のうち、傍聴は住民が直接会議を見聞することですから、会議公開の原則の中で最も直接的であり、第一義的なものであるといえます。

　ちなみに、自治法が規定している会議公開の原則ですが、対象となるのは本会議であって、委員会はその対象とはされていないといわれています。これは、委員会は議会の予備的審査機関であるというのがその理

由です。

　例えば、常任委員会における議案の審査について、その議論の内容、委員会としての判断は最終的には「委員長報告」として本会議において報告されます。本会議は公開されていますから、本会議を傍聴することで住民は委員会での審査状況を知ることができるという立論なのです。

　しかし、自治法は「委員会を公開してはいけない」といっているわけではありません。実際、全国市議会議長会の調査によれば、常任委員会について「原則公開」「委員長・委員会の許可により公開」「その他の条件により公開」とすべての市議会において何らかの形で「公開」する方向性を示しています。そして、そのことについては各議会が自律的に委員会条例、委員会傍聴規程（規則）などで規定しているのです。

②傍聴の２つの意義

　さて、改めて傍聴の意義を考えてみます。一般的には２つの意義があるとされています。

　まずは「情報提供機能」です。傍聴することによって住民は自らが選挙した代表がその期待に応え、行政のさまざまなテーマについて、どんな議論をしているのか知ることができます。議員の質問、長の答弁、そのやりとりを聴くことで行政の現状を知ることができます。それを踏まえて住民は直接、請願や陳情を議会に提出したり、議員に要望を伝えたり、あるいは次の選挙で誰に投票するかなどを考えたりできるのです。

　もう１つは「牽制機能」です。住民が傍聴していることによって議会と住民の間に緊張関係が生まれ、よりよい審議が期待できるのだといわれています。

▶▶ 傍聴規則を考える

　さて、会議公開の原則によって保障されている傍聴の自由ですが、議事進行の妨げになるような行為を禁止するなど一定の制約があります。会議の傍聴については、自治法130条に規定があります。

> ■地方自治法
> 第130条　傍聴人が公然と可否を表明し、又は騒ぎ立てる等会議を妨害するときは、普通地方公共団体の議会の議長は、これを制止し、その命令に従わないときは、これを退場させ、必要がある場合においては、これを当該警察官に引き渡すことができる。
> ②　傍聴席が騒がしいときは、議長は、すべての傍聴人を退場させることができる。
> ③　前2項に定めるものを除くほか、議長は、会議の傍聴に関し必要な規則を設けなければならない。

①傍聴規則の制定権者は誰か

　傍聴規則の制定権者は、自治法130条3項の規定によれば「議長」です。ただし、一般的に、傍聴規則の改正等を行うにあたっては、議長は諮問機関としての役割をもつ議会運営委員会の議論を経ることが望ましいとされています。

　自治法の規定によれば、制定権者は議長ですが、住民の権利を一定程度制約するという傍聴規則の性格に着眼し、大津市議会は傍聴規則を廃止し、傍聴条例を制定しました。大津市議会の議会運営委員会委員長は次のように述べています。

　「傍聴するのは一般市民の方々。傍聴規則は彼らを一定程度拘束する部分がある。傍聴規則を条例化することで、もし現在の規定内容に疑問があれば指摘してもらえる。規則のように議会で一方的に決める話ではない」(「月刊ガバナンス」平成26年5月号、ぎょうせい)。

②議会法制唯一の「対住民」

　傍聴規則は、議会法制の中で唯一「対住民」という側面をもっています。したがって、その規定内容や趣旨について議会事務局職員は住民にきちんと説明できなければなりませんが、その重みに比してあまり光が当たっていないように思います。

　実際に、ほとんどの議会では、議長会による「標準傍聴規則」に倣っ

て傍聴規則を制定しています。「標準都道府県議会会議規則・委員会条例・傍聴規則改正経過」(平成23年12月全国都道府県議会議長会事務局)によると、昭和45年に「傍聴席に入ることができない者」「傍聴人の守るべき事項」が大幅に改正され、現在に至っていることがわかります。これは同年に行われた日米安保条約改定という時代背景によるものだといわれています。

③傍聴席に入ることができない者

　標準傍聴規則は、傍聴席に入ることができない者として「銃器、棒、杖その他人に危害を加え、又は迷惑を及ぼすおそれのある物を携帯している者」と定めています(都道府県12条、同旨、市12条、町村7条)。

　ここで迷うのは「杖」です。有力説は、議会事務局が預かる運用が望ましいとしています。

　杖については、凶器として悪用される可能性が危惧されていることから確かに有力説には説得力があります。しかし、平穏に議事が進行している状況であれば、杖の持込みは差し支えない場合もあると考えます。

　国会では傍聴席に着いた後、衛視が預かる運用ですが、衛視が細やかにフォローしていると聞きます。また、衆議院では弱視の人などから「杖が手元にないと不安」との申出があれば認めているそうです。地方議会の傍聴席には守衛などがいないのが一般ですので、高齢者、障がい者の歩行の手段としての杖を預かることには違和感があります。このあたり一考に値します。

　また、「異様な服装をしている者」という規定があります。何をもって「異様」とするかは時代によって社会通念が変化する部分です。国会では「着衣がランニングシャツなど下着だけの場合」などが該当するとしています。

　「その他議事を妨害することを疑うに足りる顕著な事情が認められる者」という規定もあります。これは包括的・抽象的な規定で、拡大解釈すると傍聴の自由を制限する可能性を秘めたものともいえます。

　ここで1つの事例を紹介します。これは、平成20年の堺市議会の例です。新聞報道によれば、入口で「騒ぐ」と公言していた者の入場を拒

むことができず、公言どおり傍聴席から怒鳴り声を上げたため、議長が繰り返し注意、最終的には退場を命じた、ということです。

なぜ、堺市議会はこの者の入場を拒めなかったのでしょうか。

堺市議会の傍聴規則の規定は「その他議事を妨害し、または人に迷惑を及ぼすおそれのある物を携帯している者」でした。つまり、議事妨害や人に迷惑を及ぼすおそれのある「物をもっている人」の入場を禁じていたのです。騒ぐと公言しているが、議事妨害や人に迷惑を及ぼすおそれのある「物をもっているわけではない」と、当該人物の入場を拒めなかったわけです。

「その他議事を妨害することを疑うに足りる顕著な事情が認められる者」という規定は確かに、解釈、運用次第では傍聴の自由を制限する規定ですが、このときの堺市議会のケースにこそ適用する規定ではないでしょうか。

④違反に対する措置と再入場の可否

標準傍聴規則は「傍聴人がこの規則に違反するときは、議長は、これを制止し、その命令に従わないときは、これを退場させることができる」と定めています（都道府県16条、町村11条、同旨、市17条）。

文理解釈どおり、退場させることができるのは、いったん制止してもなお命令に従わないときです。よって俗にいう「一発退場」は認められていません。

また、いったん退場となった者が傍聴規則の規定に則り再入場することについて、標準傍聴規則の規定では、議長にはこれを拒む権限はありません。それは、議長に与えられているのは、文理上、現に傍聴席に在る者を退場させる権限だけだからです。

しかし、再入場に関しては意見の分かれるところであり、議会によっては、標準傍聴規則の規定をカスタマイズして、いったん退場させられた傍聴人の再入場を制限している例があります。いくつかの規定をみてみましょう。

■武蔵野市議会傍聴規則

（違反に対する措置）
第11条　傍聴人がこの規則に違反したときは、議長はこれを制止し、その命令に従わないときは、これを退場させることができる。
2　前項の規定により退場させられた者は、当日再び傍聴席に入ることができない。

■奈良市議会傍聴規則

（違反に対する措置）
第12条　傍聴人がこの規則に違反するときは、議長はこれを制止し、その命令に従わないときはこれを退場させることができる。
2　議長は、地方自治法第130条第1項又は前項の規定により退場を命ぜられた者については、当日の入場を禁止することができる。
（議長のとる臨機の処置）
第13条　この規則に規定しないものであつても議長が必要と認めたときは、臨機の処置をとることができる。

　武蔵野市議会は、はっきりと退場させられた者の当日の再入場を禁じています。奈良市議会もやはり当日の再入場を制限していますが、これに関しては「当日の入場を禁止することができる」といういわゆる「できる規定」です。

　なお、奈良市議会では13条に「議長のとる臨機の処置」を規定し、議長の秩序維持権を強化しています。この規定を使えば、あまりに悪質な者に対し、例えば当定例会中の入場を禁ずるという可能性も出てくるでしょう。

　ただ、その適用については極めて慎重な判断が求められるように感じます。「規則に規定しないものであつても」という部分は、「臨機の措置」の対象となり得る場合についての予見可能性の観点からみて議論の余地があると考えられるからです。

第3章

審議における問題解決

3-1 ◎…正副議長の選挙

▶▶ 議会の代表者を決める

　地方公共団体の議会の議長は、議会の代表者であると同時に、議会の秩序の保持、議事の整理、議会の事務を統理するなどの権限を有しています。また、議長は議決には加わりませんが、可否同数となった場合には裁決を行う（自治法116条）などの重要な役割を担っています。

　副議長は、議長に事故があるとき、又は議長が欠けたときに、議長の職務を行います（自治法106条）。

　このように、議長・副議長は議会が活動する上で不可欠な存在ですから、一般選挙後初めての議会（いわゆる初議会）においては、他のすべての案件に先行して議長・副議長の選挙を行うべきとされています。

①正副議長の選挙の概要

　議会の議長・副議長は、議員の中からそれぞれ1人選ばれます（自治法103条1項）。その任期は議員の任期による（同条2項）とされているため、4年（自治法93条1項参照）ということになりますが、慣例により1年ないし2年で交代する議会も多くあります。

　議長・副議長の選挙は、自治法118条の規定により行われます。

■**地方自治法**

第118条　法律又はこれに基づく政令により普通地方公共団体の議会において行う選挙については、公職選挙法第46条第1項及び第4項、第47条、第48条、第68条第1項並びに普通地方公共団体の議会の

議員の選挙に関する第95条の規定を準用する。その投票の効力に関し異議があるときは、議会がこれを決定する。
② 議会は、議員中に異議がないときは、前項の選挙につき指名推選の方法を用いることができる。
③ 指名推選の方法を用いる場合においては、被指名人を以て当選人と定めるべきかどうかを会議に諮り、議員の全員の同意があつた者を以て当選人とする。
④〜⑥ （略）

　自治法118条1項は、議会で行う選挙について、公職選挙法46条1項及び4項、47条、48条、68条1項、95条（1項3号）の規定を準用しています。つまり、議長・副議長の選挙は、投票の記載事項と投函（投票は単記無記名方式で投票箱に入れる）、点字投票・代理投票・無効投票の取扱い、当選に必要な得票数（有効投票総数の4分の1以上の得票）、がルールとして用いられます。
　また、選挙の方法としては、投票のほか、議員中に異議がないときは、指名推選によることもできます（2項）。この場合は議員全員の同意があった者が当選人となります（3項）。

②初議会における議長・副議長の選出の流れ

　議長・副議長の選出は、一般選挙後初めて開かれる議会（選挙後に臨時会を開くのが一般です）で最初に行われます。
　初議会における議長・副議長の選挙までの流れは、おおむね次の2パターンがあるようです。
- パターン1（例：東京都、伊勢市）
　議会事務局長による年長議員の紹介 → 臨時議長（＝年長議員）による開会宣告 → 議席の指定 → 会議録署名議員の指名 → 会期の決定 → 議長の選挙 → 新議長による副議長の選挙
- パターン2（例：上越市、長野市、軽井沢町）
　議会事務局長による年長議員の紹介 → 臨時議長（＝年長議員）による開会宣告 → 仮議席の指定 → 議長の選挙 → 議長による議席の

指定 → 会議録署名議員の指名 → 会期の決定 → 副議長の選挙

初議会の最初は会議を取り仕切る議長がいませんから、議会事務局長が年長議員を紹介し、年長議員が臨時議長として議長の選挙を行います（自治法107条）。議長が選出されたら、選出された議長のもとで副議長の選挙を行います。この点はパターン1、2とも同じです。

両者の違いは、議席の指定、会議録署名議員の指名及び会期の決定を臨時議長が行うか、選挙後選出された議長において行うかにあります。

自治法107条は、「103条第1項……の規定による選挙を行う場合において」としています。そのとおりに解釈すれば、年長議員が行う臨時議長の職務は「議長の選挙」のみであって、その他の職務は選出後の議長が行うということで、パターン2の流れとなります。

他方、議事日程として議長の選挙以下に進むには、開議後まず行う一連の手続として、会議録署名議員の指名と会期の決定を経たほうがすわりがよいと考えると、パターン1の流れとなります。

パターン1のほうが他の定例会等の流れと共通する部分が多くなるのでわかりやすいのかもしれませんが、どちらが正しいというわけではありません。あくまで、その議会がどう考えるかによります。

▶▶ 立候補制による選挙

さて、議長・副議長の選挙において、「立候補制」を採用する議会が増えてきています。全国市議会議長会の調査によれば、平成25年12月31日現在で、812市中182市（22.4％）の議会で、「立候補制」による正副議長選挙を実施しています（政令指定都市では0件）。

議会改革の一環として、「立候補制」を導入して議長候補者が所信表明を行う機会を設けることで、議長・副議長の選出過程の透明性を高め、住民にわかりやすい議会運営を目指すものとされています。

①自治法118条と「立候補制」

議長・副議長の選挙で「立候補制」を導入するにあたり、考えなくてはならないのが、自治法118条の規定です。同条1項は、公職選挙法の

一部の規定を準用するとしていますが、先にみたように、この中には立候補に関する規定が含まれていないからです。

自治法118条が公職選挙法上の立候補に関する規定を準用していないことから、議長・副議長の選挙について、自治法は立候補によることを想定していないとして、立候補制の導入に消極的な見解もあります。

しかし、本当にそうでしょうか。公職選挙法にもう一度注目してみましょう。公職選挙法は、86条以下で「公職の候補者」について規定しており、ここでは、公職の候補者になろうとする者は、選挙長にその旨を文書で届け出ることとされています。一般には、この手続をもって選挙への「立候補」と考えられています。被選挙権者のうち、公職の候補者が被選挙人となり、その中から当選人を決定するという手続です。

公職選挙法2条は、同法の適用範囲として「衆議院議員、参議院議員並びに地方公共団体の議会の議員及び長の選挙」としています。そもそも公職選挙法は地方議会の議長・副議長の選挙には適用されず、自治法118条1項は公職選挙法における公職の候補者の規定を準用していません。つまり、自治法118条1項は、公職選挙法が定める、被選挙権者のうち所定の手続を経た候補者の中から当選人を決定するというプロセス、すなわち、被選挙権者の中から被選挙人を絞り込む「立候補制」は採用しない趣旨と考えられるのです。

したがって、議長・副議長の選挙では、被選挙権者である議員全員が候補者であり、このことが担保されていれば、議長・副議長になろうとする者が手を挙げるという方式、いわば「事実上の立候補制」を導入することについて、各議会は自由に選択できるものと考えられます。

なお、議長・副議長の選挙に立候補制を導入している議会の多くで、立候補について所定の用紙による届出の手続を設けていますが、これはあくまで事実行為にすぎません。

②立候補者以外の者への投票の効力

このように、議長・副議長の選挙における立候補制の「キモ」は、立候補という手続が被選挙人を絞り込む機能をもたないことにあります。

このことから、立候補制を導入する議会でも、立候補者以外の議員へ

の投票も有効であるとしており、要綱などでこのことを明記している自治体もあります。例えば、井原市は「井原市議会議長・副議長立候補制に関する内規」の中で、「立候補者以外の議員への投票も有効とする」と定めています。

しかし、この「キモ」が実は曲者なのです。というのも、立候補者以外の者への投票が有効であれば、立候補者以外の者が議長・副議長に当選することも可能です。とにかく、自治法118条1項が準用する公職選挙法95条1項3号、有効投票総数の4分の1以上の得票があれば当選なのですから……。これでは、立候補制自体が形骸化してしまいます。

そのため、立候補者以外の者へは投票しない旨を申し合わせることも考えられますが、自治法118条1項の趣旨と齟齬をきたすほか、議員の投票の自由を制限するおそれもあります。かといって、立候補者以外の者への投票を無効とすれば、議員全員が候補者である以上、自治法118条1項が準用する公職選挙法68条1項2号に抵触します。

今のところは、「モラルとして」（可児市）立候補者に投票するようお願いする程度がいいところなのかもしれません。

▶▶ 立候補者による所信表明

議長・副議長の選挙での立候補制の導入は、立候補者による所信表明の場を設けることと相まって、選出過程の透明性を高めるためのものとされています。では、所信表明はどのように行われるのでしょうか。

①会議規則との関係

この点で問題となるのは、選挙時の発言制限に関する会議規則の規定です。標準会議規則では、選挙の宣告後は「何人も」発言を求めることができないと定められています（都道府県会規59条、市会規61条、町村会規60条）。

このため、立候補制を導入している議会のほとんどは、所信表明を本会議の休憩中に行うこととしています。その場としては、全員協議会（例：津市、井原市）、所信表明会（例：会津若松市、伊賀市）、所信表

明演説会（例：流山市、宮城県大河原町）などがあります。

②本会議中の所信表明　—上越市の例—

　本会議の休憩中に所信表明を行うとしても住民への公開は可能ですが、やはり公開原則があり、会議録も調製される本会議で行うのが理想です。そのためには、問題の会議規則の規定を改正すればよいのですが、上越市では、標準会議規則と同様の規定を維持しつつ（同市議会会議規則61条）、所信表明を本会議中に行っています。

　選挙の宣告との関係はどのようになっているのか、上越市議会平成22年第3回（5月）臨時会5月20日の会議録の一部をみてみます。

> ○副議長　これより議長選挙に入りますが、申し合わせにより選挙の前に所信表明の場を設けることとなっております。あらかじめ2人の議員から申し出がありますので、順次これを許します。
> 　（立候補者順次登壇、所信表明）
> ○副議長　以上で所信表明を終わります。
> ○副議長　日程第○、議会選第1号議長選挙を行います。……

　選挙の宣告は、副議長の最後の発言です。会議規則ではこの後の発言を制限しているため、「これより議長選挙に入りますが、」で始まる冒頭の副議長の発言がミソで、会議規則の制限をうまくかわす創意工夫の好例といえるでしょう。

3-2 ◎…委員会条例

▶▶ 自治法と委員会条例

　自治法109条1項は、「普通地方公共団体の議会は、条例で、常任委員会、議会運営委員会及び特別委員会を置くことができる」とし、同条9項は「前各項に定めるもののほか、委員の選任その他委員会に関し必要な事項は、条例で定める」と規定しています。
　また、同条5項は、「第115条の2の規定は、委員会について準用する」として、本会議における公聴会や参考人の制度を委員会でも採用できるとしています（経緯としては、委員会のほうが先に両制度を導入していますが）。

①委員会条例はどのようなものか
　委員会条例は、自治法109条に基づき、委員会制を導入する各自治体でそれぞれ制定されています。
　法が明記する条例事項は、常任委員会、議会運営委員会及び特別委員会の設置、また、設置されるそれぞれの委員会の委員の選任など、あるいは公聴会、参考人の制度となっており、いずれも委員会が組織として活動するための基本的な要素です。
　また、委員会は、それぞれの所管事項について調査、審査を行う機関として、特に常任委員会はその所管事項に応じて本会議から付託された長の提出議案について、詳細に審議を行い、その結果を本会議に報告します。
　委員会条例は、本会議の下審査機関として、議会の活動において重要な役割を担う委員会を議会の内部に設置する根拠となる条例であること

から、その提案権は議会に専属するものと解されています。

②「標準」委員会条例

　全国都道府県議会議長会、全国市議会議長会、全国町村議会議長会の3議長会は、それぞれ「標準委員会条例」を作成、公表しています。

　標準委員会条例は、自治法109条にある各委員会の設置、委員の選任及び公聴会、参考人に関する制度のほか、委員の任期、委員長・副委員長に関する事項、委員会の招集手続、定足数、表決、傍聴の取扱いや委員会の秩序保持などについて規定しています。

　もちろん、あくまで「標準」ですから、各自治体で実際に委員会条例を制定する際は、標準委員会条例のとおりにする必要はありませんが、自治法が改正されると、その都度、その趣旨を盛り込んだ「標準」条例が公表されますので、これを参考に条例改正の作業を進めるのが一般的です。その上で、各自治体の事情に応じたカスタマイズがなされます。

③常任委員会の所管事項の規定

　常任委員会の所管事項については、例えば「福祉局」「道路部」「教育委員会」の所管に関すること、というように、執行機関の部局で区分して所管単位とする例が多くみられます。

　また、事務の分野、区分を単位としている例もあります。例えば、横須賀市議会委員会条例は、「教育福祉常任委員会」の所管事項を、「社会福祉及び保健衛生」「子ども」「教育」に関する事項と規定しています。

　前者は振り分けが明瞭であること、後者は審査対象をイメージしやすい、というメリットがあると考えられます。

　なお、規定の仕方としては、標準委員会条例のうち、町村議会委員会条例は「号建て」の例を具体的に示しています（2条）。実際には、号建てで規定する例が多いように見受けられますが、別表で規定する方法もあります（例：藤沢市議会委員会条例）。

▶▶ 組織改正に伴う委員会条例の改正

　地方公共団体の長は、執行機関の内部組織設置権に基づき、長の直近下位の内部組織（局、部など）の設置及びその事務分掌について、条例（行政組織条例）を制定します（自治法158条1項）。

　地方公共団体に、組織改正はつきものです。局、部など長の直近下位の部署の新設、名称の変更、あるいは統廃合といった組織改正を行う場合、長の提出議案で行政組織条例が改正されます。これに伴い、議会側でも、委員会条例で常任委員会の所管事項を執行機関の部局ごとに区分して規定している場合、委員会条例を改正する必要が生じてきます。

①委員会の同一性

　標準委員会条例は、常任委員会の設置において、「名称」「委員の定数」及び「所管」を規定することとしています。この3つの要素は、常任委員会を組織する上で最も基本的な事項です。委員会がその委員会であるために最低限必要な事項といってもよいでしょう。

　委員会条例を改正する際、委員会の同一性が問題となります。委員会は多数決原理に基づく合議体ですから、名称や所管事項が変われば、合議体の設置目的自体に変更をきたすことになりますし、委員の定数が変われば、定足数や表決の基準となる数が変わってきます。

　条例改正により、これら3つの要素のいずれかが変更された場合、委員会の同一性が失われ、当該委員会は消滅することになります。

②行政組織条例が改正されると……

　さて、行政組織条例の改正により、長の直近下位の部局の名称が変わったとしましょう。

　委員会条例で常任委員会の所管事項を部局で区分して規定している場合、議会側はこれに応じて、常任委員会の所管事項を変更し、改正行政組織条例の施行日と同日に施行する条例改正を行います。すると、所管事項が変更された結果、当該部局の事務を所管とする委員会の同一性が失われてしまいます。

同一性が失われると、その委員会は条例改正前の委員会ではなくなってしまうので、当該委員会については、改めて委員を選任し、委員会で委員長と副委員長の互選を行わなければなりません。さらに、改正前の委員会で閉会中継続審査とされていた事件は、いったん議長の手許に戻るため、改めて改正後の委員会に付託する必要が出てきてしまいます。

③経過措置で連続性を確保する

　このような事態は、議会にとっても面倒なことです。そこで、条例改正の前後で委員会の連続性を確保するため、改正時の附則に経過措置を用意する方法があります。

　具体的には、同一性の喪失により問題となる事項について、みなし規定を置くことで、前述の煩雑な手続を回避します。

　まず、委員の選任については、改正条例の施行日に従前と同じ委員が選任されたものとみなす規定を置きます。委員長・副委員長についても同様に、改正条例の施行日に従前と同じ人がそれぞれ選任されたものとみなします。また、任期については、従来の委員、委員長、副委員長の任期の残任期間と同じ期間とします。その他、閉会中継続審査事件については、改正条例の施行日に新たな委員会に付託されたものとみなす規定を設けます。

　以上のような趣旨の経過措置を設けることで、委員会の同一性が失われる場合でも、上記のような煩雑さを回避することができます。

　実際に条文化するにあたっては、それぞれ１項ずつ規定するほか（例：市川市）、同様の趣旨をある程度まとめて規定してもよいでしょう。例えば、横浜市では、みなし選任について、委員、委員長、副委員長を１項にまとめ、複数の委員会に関わる場合には、これらを表にまとめて一括して規定しています。

3-3 ◎…条例の修正案作成①
作成の技術

▶▶ 条例案に対する修正案

議案に対する修正動議の根拠条文は自治法115条の3です。

ここでは、議案の修正のうち、条例案の修正について考えていきます。

> ■地方自治法
> 第115条の3　普通地方公共団体の議会が議案に対する修正の動議を議題とするに当たつては、議員の定数の12分の1以上の者の発議によらなければならない。

また、標準会議規則（都道府県会規17条、市会規17条、町村会規17条）は、修正の動議は「その案をそなえ」、自治法115条の3の規定によるものについては「所定の発議者が連署し」て、議長に提出しなければならないと定めています。

ここで「所定の発議者」とは、自治法115条の3に定める発議の提出要件、すなわち議員定数の12分の1以上の者を指します。修正案は、この動議をするにあたり備えるものです。

①修正案作成への備え　―条例案を読み込む―

修正案の作成に携わる議会事務局職員としては、まず、議案が配付されたら直ちに、一気に条例案を読み込み、そして内容を理解することが求められます。

「直ちに、一気に」です。

条例案が出てきて初めて、修正の可能性が出てくるわけですから、議案の配付がスタートの号令です。したがって、通常の議員発議に比べて圧倒的に時間がありません。

よって、「直ちに、一気に」という姿勢、心意気が必要なのです。

さらに、この条例案の読込みは、質疑通告にあたり議員から助言を求められる可能性への備えでもあるのです。

②執行機関の法制部門に修正案作成の経験はない

議員立法補佐において、議会事務局が執行機関の法制部門の力を借りることがローカルルールとして定着している自治体もあると思います。

新規条例あるいは一部改正条例の立案について、執行機関の法制部門はプロ中のプロ、まさに法制執務の専門集団です。

しかし、この集団は修正案の立案には実は不慣れです。とりわけ一部改正条例の修正案を手がけた経験は皆無といっていいでしょう。「執行機関の法制部門が修正案を書くことはない」、これはむしろ当然のことです。

よって、こと修正案の作成に関しては、議会事務局職員がプロになるしかないのです。

なお、「修正案は原案に付随するものであって、原案の目的の範囲内で行うべきである。もしその範囲を越えるのであれば、対案として議員立法すべきである」という論があります。

しかし、現実には両者の間に一線を引くことは困難です。となると、修正案か対案かは議会事務局が判断するものではなく、提出者である議員マターの話ということになります。

▶▶ 修正案の法制執務

修正案の法制執務とはどのようなものでしょうか。新規条例案に対するものと一部改正条例案に対するものに分けてみていきます。

①新規条例案に対する修正案の作成

これについては、条例の一部改正の手法と同じであると考えて差し支えありません。

法律の例で確認します。

特定秘密の保護に関する法律案に対する修正案

特定秘密の保護に関する法律案の一部を次のように修正する。

目次中「第二十一条」を「第二十二条」に、「第二十二条—第二十六条」を「第二十三条—第二十七条」に改める。

第一条中「安全保障」の下に「（国の存立に関わる外部からの侵略等に対して国家及び国民の安全を保障することをいう。以下同じ。）」を加える。

第三条第一項に次のただし書を加える。

　　ただし、内閣総理大臣が第十八条第二項に規定する者の意見を聴いて政令で定める行政機関の長については、この限りでない。

第三条第二項中「附則第四条」を「附則第五条」に改める。

第四条第三項を次のように改める。

3　指定の有効期間は、通じて三十年を超えることができない。

第四条第四項を同条第七項とし、同条第三項の次に次の三項を加える。

（以下、略）

「修正」という語句は、題名と柱書にしか登場しません。その他の本文の書き方はすべて「改める」「加える」などであり、一部改正の場合と全く同じ要領です。

②一部改正条例案に対する修正案作成

こちらは、議会事務局法制担当の腕の見せどころです。

考え方としては、法制執務のうち、「一部改正条例を一部改正する」あるいは「１つの条例案で条文によって施行期日を異ならせる」といった場合のテクニックが必要なのだと捉えれば、割とスムーズだと思います。

こちらも、法律の例で確認してみましょう。

> 内閣府設置法の一部を改正する法律案に対する修正案
> 　内閣府設置法の一部を改正する法律案の一部を次のように修正する。
> 　第四条第一項第六号の次に一号を加える改正規定のうち第六号の二中「第三項第七号の三」を「第三項第七号の四」に改める。
> 　第四条第三項第七号の改正規定を削る。
> 　第四条第三項中第七号の六を第七号の八とし、第七号の二から第七号の五までを二号ずつ繰り下げ、第七号の次に二号を加える改正規定中「第七号の八」を「第七号の九」に、「二号」を「三号」に改め、第七号の三を第七号の四とし、第七号の二を第七号の三とし、同号の前に次の一号を加える。
> 　七の二　科学技術基本計画（科学技術基本法（平成七年法律第百三十号）第九条第一項に規定するものをいう。）の策定及び推進に関すること。
> 　第四条第三項第十五号の改正規定中「第七号の八」を「第七号の九」に改める。
> 　附則第二条の二第一項の改正規定中「第三項第七号の八」を「第三項第七号の九」に改める。

　ポイントは「改正規定」という表現です。この語句を使って、修正箇所を明確に特定していく作業が必要となります。

　特定の仕方をいくつか紹介しておきます。

条例案（原案）	修正案での特定方法
第○条中「A」を「B」に改める。	第○条の改正規定
第○条を次のように改める。	第○条の改正規定
第○条の次に次の×条を加える。	第○条の次に×条を加える改正規定
第○条に次のただし書を加える。	第○条にただし書を加える改正規定

3-4 ◎…条例の修正案作成②
作成の心得

▶▶ 議員の思いを条文化する

　修正案では、これに賛同する議員の「思い」を条文化する場面があります。これをどのように表現すればよいでしょうか。

①議員の思いを込める意味

　修正案の作成は、長の提出議案に対して、議会として「かくあるべし」という内容を付加する作業です。

　長の提出議案に対する修正は、修正する議員の政治信条が顕著となる場面です。「かくあるべし」と思う議員が提出するわけですから、修正案にはその思いが込められます。

　思いの表現方法はさまざまです。金額の増減や、「できる」規定を「ねばならない」規定にするなど、条文のピンポイントの修正で完結し、あとは提案理由に委ねるということもあります。また、制度自体の考え方や将来のあり方といったような思いは、その旨を語る規定を加えるという形で表現されることがあります。

②表現する際の留意点

　一方で、これは当然のことですが、修正案は、可決、施行されればそのまま条例の一部となり、法的効果を発揮します。修正された条例を運用するのは執行機関ですから、議員の思いを込めたつもりでも、行政全体からみて円滑な運用を妨げるような文言は避けなければなりません。

　この点、附帯決議は、執行段階での運用に大きな影響を及ぼさずに議員の思いを表現する1つの方法です。これに対し、修正案、特に規定を

加えるという形は、より強く議員の思いを表現する方法ですが、その分、円滑な執行の妨げにならないよう、規定ぶりについて「塩梅」することが求められるといえます。

▶▶ 議員の思いを語る規定の例

　規定を加えるという形で議員の思いを表現する1つの方法として、改正附則に激変緩和措置や努力規定、検討規定を置くことが考えられます。

　これは、執行機関との「落としどころ」の模索でもあります。というのも、修正案は執行機関、特に事務を執行するセクションにとっては予想外のもので、改正後の運用プランに影響を及ぼす可能性もあるからです。この点、激変緩和措置は、最終的には長の提出議案の目指す結果にたどり着くとしても、その間に段階的なクッションを置くことで、制度の円滑な移行を企図する議会の意思を込めることができます。また、努力規定や検討規定であれば、修正案に関する議員の「思い」を条文で表現しても、執行機関を過度に拘束することを回避できます。また、本則ではなく改正附則に盛り込むことで、「今回の改正」における「思い」であることを、影響を最小限に抑えつつ、明確に表現できます。

①激変緩和措置

　激変緩和措置は、平たくいえば、制度の変更に関して、変更前後のギャップを軽減するためのステップを置き、段差の大きさを軽減するものです。この場合、条文上では、本則に現行から途中経過へ移行するものと、途中経過から最終到達点へ移行するものの両方の規定を置き、附則でそれぞれの施行日をずらして規定する「2段ロケット方式」がとられることがあります。1つの例をみてみましょう。

■ **大津市歴史博物館条例の一部を改正する条例修正案**

第1条　大津市歴史博物館条例（平成2年条例第1号）の一部を次のように改正する。

別表第1中「100円」を「130円」に、「80円」を「100円」に、……、「160円」を「210円」に改める。（以下、略）

第2条　大津市歴史博物館条例の一部を次のように改正する。

別表第1中「130円」を「160円」に、「100円」を「120円」に、……、「210円」を「250円」に改める。（以下、略）

　　附　則
1　この条例は、平成26年4月1日から施行する。ただし、第2条の規定……は、平成28年4月1日から施行する。
2　第1条の規定による改正後の大津市歴史博物館条例…別表第1の規定は、この条例の施行の日……以後の常設展示の観覧に係る観覧料について適用する。
3・4　（略）
5　第2条の規定による改正後の大津市歴史博物館条例……別表第1の規定は、附則第1項ただし書に規定する日……以後の常設展示の観覧に係る観覧料について適用する。
6　（略）

　この例において、平成25年11月に提案された長の提出議案（原案）は、平成26年度から、別表第1に定める常設展示の観覧料を、現行料金の100円を160円に、80円を120円に、160円を250円に、というように引き上げるものでした。これに対して、議会側が、2年間で料金を段階的に引き上げる激変緩和措置を講じたというわけです。

　修正案の構造をみてみると、1条は、現行料金から引き上げ幅を抑えた額へ移行する規定、2条は、その額から最終的な引き上げ額（原案の引き上げ額）へ移行する規定です。そして、附則1項で2段階の施行日を置き、附則2項では、第1段階の引き上げを平成26年度から適用し、附則5項では、第2段階の引き上げを平成28年度から適用すると規定しています。

　この案は、最終的には原案が示す引き上げを認めている点で、基本的

な考え方としては原案に賛成の立場といえます。ただ、いきなり原案が示す額まで引き上げることを問題視した議会の「段階的に引き上げるべし」という意思が、2年間の激変緩和措置という形で表現されているのです。

なお、激変緩和措置の手法としては、「2段ロケット方式」のほか、例えば附則に経過措置を設ける方法もあります。この場合、本則の規定（最終到達点）は原案どおりとして、附則に、本則の規定にかかわらず、一定の期間あるいは期限までは○○（途中経過）とする旨の規定を置きます。当該期間あるいは期限を経過すると、本則の規定が適用されるというわけです。

②努力規定・検討規定

努力規定は、違反しても罰則などの法的な制裁を受けず、遵守するか否かや達成度については当事者の意思や判断に任されるというものです。また、検討規定は、いったん制度の変更は行うものの、新制度の施行後に見直しを行う旨を定めるものです。法律の例をみてみましょう。

> ■**食品安全基本法**（平成15年法律第48号）
> 　　　附　則
> 　（検討）
> 第8条　政府は、食品の安全性の確保を図るための諸施策に関する国際的動向その他の社会経済情勢の変化を勘案しつつ、この法律の施行の状況について検討を加え、必要があると認めるときは、その結果に基づいて所要の措置を講ずるものとする。

この規定は、法案審議の過程で、衆議院において修正が加えられたものです。ポイントは、法律の施行後「必要があると認めるとき」に「所要の措置」を講ずる「ものとする」という点です。「必要があると認めるとき」「所要の措置」のいずれも、具体的な時期や措置の内容については触れず、抽象的な表現となっています。また、必要があると認めるか否か、あるいは所要の措置とは何かを判断し決定するのは、この規定

の名宛人である政府に委ねられています。そして、「ものとする」はまさに努力規定のキーワードです。つまり、政府としては、この規定によって法律の規定の見直しを義務づけられているわけではありません。

この点、衆議院としてはこの法律案には基本的に賛成の立場だといえます。ただ、今後の社会経済情勢次第ではこの規定がベストではなくなる、そのときには法改正を含む柔軟な対応をしてほしいという衆議院の意思が、この検討規定に込められているといえるでしょう。

ここで、努力規定などに使い勝手のよい文言をいくつか紹介します。

例えば、「十分に」は、「しっかりと」という意味合いが出てきますし、「〜を踏まえ」は、議論の出発点はここだという印象を与えます。また、「今後」は、期限の特定なしで「やる」というイメージを想起させます。

これらはいずれも、その語句自体は一定の結果をもたらすことを必ずしも予定しない点で、「落としどころ」として使える表現といえます。

そして、締めの決まり文句は、「〜（に努める）ものとする」です。

▶▶ 修正案作成の心得

ここまで、修正案の作成について留意すべき点を述べてきました。

議会事務局職員として、議会という場で議員の発意に応じて修正案に関する業務に携わることは、独特の緊迫感があります。

そこで、次の点を心得ておくとよいでしょう。

①立案者の意向を的確につかむ

議員には直接公選による住民代表という政治的正統性があります。修正案は、政治的正統性をもつ議員の発案によるという点で、住民のための修正であるという正当性をもつこととなります。そして、当然のことながら、修正案が可決されれば、そのまま条例に溶け込んで公布、施行されます。特に住民の権利義務に関わる部分を修正する場合は責任重大です。

ですから、修正案を手がける際は、この正当性をしっかりと条文に

「乗せる」ことを意識する必要があります。それには、立案者である議員の意向、すなわち修正の内容とその意図を的確に理解することが求められます。考え方において議員と同化しつつ、条文を組み立てていくのです。

②時々刻々の変化にしなやかに対応する

　修正案の作成は条例案の配付を受けてから動き出します。ところが、すんなりと「これで頼むよ」とはいかないことが往々にしてあります。

　議会が本気で修正案の成立を目指すとなると、過半数の議員の賛同を得るための動きが必ず出てきます。議員による多数派工作です。

　この過程で、修正案の内容は時々刻々と変化します。限られた時間の中で、議員は自らの政治信条に基づいて主張し、あるいは妥協点を見出そうとします。まさにリアルタイムで政治判断が行われているのです。

　これを議会事務局の側からみれば、修正案の「修正」が幾度となく繰り返されるということになります。これで落ち着いたと思っていた箇所に再び手直しが入ることも珍しくありません。

　こうした状況の中で、議会事務局職員には、議員の動きによる修正案の変化にしなやかに対応し、案文を作り続けることが求められます。修正案が実際に提出されるまでは、「これで終わった」と思わないことです。

③そして何よりもスピードが命

　これまで述べてきたとおり、修正案の作成は時間との勝負です。

　案を煮詰めていくにあたり、議員は限られた時間のギリギリまで政治判断を駆使しています。この状況で、条文化が間に合わず修正案を提出する機会を逸したとなれば、議会事務局職員としてこれ以上の致命的な失敗はありません。

　議員の動きに応じて的確に案文をとりまとめつつ、期限までに修正案を完成させ、提出にこぎつけること。これが、この場面での議会事務局職員の至上命題であり、裏方としての最高の見せ場なのです。

35 ◎…予算の修正案作成

▶▶ 予算に関する議会と長の役割分担

まずは、予算に関する自治法の関係条文を押さえておきましょう。予算に関する議会と長の役割分担の再確認です。

> **■地方自治法**
> 第96条　普通地方公共団体の議会は、次に掲げる事件を議決しなければならない。
> 　一　（略）
> 　二　予算を定めること。
> 　三　決算を認定すること。
> 　四～十五　（略）
> ②　（略）
>
> 第112条　普通地方公共団体の議会の議員は、議会の議決すべき事件につき、議会に議案を提出することができる。但し、予算については、この限りでない。
> ②・③　（略）
>
> 第149条　普通地方公共団体の長は、概ね左に掲げる事務を担任する。
> 　一　（略）
> 　二　予算を調製し、及びこれを執行すること。
> 　三～九　（略）

①議員には予算の提出権がない

関係条文が3つ浮かび上がってきました。96条、112条及び149条です。

まず、96条1項2号の規定によれば、最終的に予算を定めるのは議会です。

そして、112条1項及び149条2号の規定から、予算を調製し、議案として議会に提出するのは、長であることがわかります。

予算の提出を受けた議会には、審議し、議決する役割があるわけですが、議会の議員には議案としての予算を提出する権限はないのです。

対して、長は執行機関の政策のすべてを予算という議案に表現して、議会に提出できます。これは、長だけに与えられた政治家としての醍醐味ともいえるでしょう。

②議会・議員の意向を穏便に予算に反映させるには

予算に対して議会の意向を反映させる方法としては、一般的には、決算認定の場面が考えられます。決算を認定することは、自治法96条1項3号に規定された議会の必要的議決事件です。

この場面において、議会は決算に対する議会の意思を明らかにして、執行機関に、議会として今後の財政運営のありようを伝えることができます。このことにより、次年度の長の予算調製に影響を与える可能性があるのです。

また、議員個人がそれぞれ、年間を通じた一般質問で、執行機関を質すとともに政策についての意向を伝えることも可能です。

このような政策提言型の一般質問に対して、執行機関は、「検討する」「研究する」といった形で答弁し、時間的猶予を確保しながら、長の政策志向と合致するものについては、予算化していくということもあるのです。

▶▶ 議会による予算案の修正

予算審議における議会と長のやりとりは、いわば政治です。政治的正

統性のある両者が対峙している場面ですから、議会事務局職員は傍観者です。両者のやりとりで、いよいよ議会側から「修正案を出す」という展開になったときに、議会事務局職員の出番となるのです。

①予算に対する修正動議

　予算の修正、これは予算に対する修正動議といわれるものですが、まず根拠となる規定は自治法115条の3です。
　予算の修正動議も、条例のそれと同様に、その案をそなえ、議員定数の12分の1以上の者が発議者として連署し、議長に提出することにより成立します（都道府県会規17条、市会規17条、町村会規17条）。

②予算の増額修正は可能か

　予算の修正動議の提出要件については、自治法及び標準会議規則のとおりです。この提出要件の確保、多数派工作は当然、議員マターです。対して、議会事務局職員は、議員の意向に従って修正案を作成することがその役割です。
　ここで問題となるのは「予算の増額修正は可能か」ということです。予算の総額を増額させたいという議員の意向を受けたとき、議会事務局職員はいったん、躊躇するものです。それはなぜでしょうか。
　予算の増額修正については、自治法97条2項と自治省行政局長通知が存在します。これが議会事務局職員を悩ませるのです。

■地方自治法
第97条　（略）
2　議会は、予算について、増額してこれを議決することを妨げない。但し、普通地方公共団体の長の予算の提出の権限を侵すことはできない。

■予算の増額修正について（昭和52年10月3日　自治省行政局長通知）
1　当該予算の趣旨を損なうような増額修正をすることは、長の発案権の侵害になると解する。予算の趣旨を損なうような増額修正に当たる

> かどうかを判定するに当たっては、当該増額修正をしようとする内容、規模、当該予算全体との関連、当該地方公共団体の行財政運営における影響度等を総合的に勘案して、個々の具体の事案に即して判断することが必要である。なお、このことは、歳入歳出予算だけでなく、継続費、債務負担行為等についても、同様である。
> 2　地方公共団体の議会の予算審議において、議会が予算修正を行おうとするときは、長と議会との間で調整を行い、妥当な結論を見出すことが望ましい。

　これらを読んでみると、増額修正に腰が引けるのもうなずけます。

　ただし、逆にいえば、どのラインを越えたら「長の予算の提出の権限を侵す」ことになるのか、はっきりとは定められていないのです。

　となると、議員が予算を増額修正したいといったときに議会事務局が「待った」をかける理由がない、ということになるのです。

　政治的正統性をもつ議員に「待った」をかけられるのは、法令にはっきりと規定がある場合で、その解釈が定着しているときだけです。

　あくまでも「長の予算の提出の権限を侵す」とは、「長がそう考えるかどうか」が焦点となるのです。

　もしも、長がそう考える、つまり「提出の権限を侵された」「越権だ」「違法だ」と考えるなら、長は自治法176条4項の再議に付してくるでしょう。議会と長の真っ向勝負です。事と次第によっては裁判所にまでもち込まれて決着がつけられることになります。これが自治法の制度設計なのです。

③修正議決と長による再議

　「越権だ」「違法だ」というレベルではないとしても、予算の修正議決に異議がある、長としては「納得がいかない」という場合には、176条1項の規定に基づく再議となります。

　この再議に付された場合には、議会は同条2項及び3項の規定により、出席議員の3分の2以上の同意がなければ当初の議決を維持できなくなるのです。

■**地方自治法**

第176条　普通地方公共団体の議会の議決について異議があるときは、当該普通地方公共団体の長は、この法律に特別の定めがあるものを除くほか、その議決の日（条例の制定若しくは改廃又は予算に関する議決については、その送付を受けた日）から10日以内に理由を示してこれを再議に付することができる。

② 前項の規定による議会の議決が再議に付された議決と同じ議決であるときは、その議決は、確定する。

③ 前項の規定による議決のうち条例の制定若しくは改廃又は予算に関するものについては、出席議員の3分の2以上の者の同意がなければならない。

④ 普通地方公共団体の議会の議決又は選挙がその権限を超え又は法令若しくは会議規則に違反すると認めるときは、当該普通地方公共団体の長は、理由を示してこれを再議に付し又は再選挙を行わせなければならない。

⑤〜⑧ （略）

④組み替え動議という手法

176条1項の再議との関係で議会としての打つ手を考えてみます。

修正動議を過半数で可決したとしても、長によって176条1項の規定により再議に付された場合は、次の議決は出席議員の3分の2の同意、いわゆる特別多数議決となります。ここで3分の2に達しなければ、修正議決は「なかったこと」になるのです。

では、予算に対して議会の意思を反映させる手法は、修正動議しかないのでしょうか。

実はもう1つ「組み替え動議」という手法があります。

これは、「このように予算を組み替えて再提出せよ」と長に求める動議です。組み替え動議は可決されても法的拘束力はありませんが、政治的な拘束力はあります。組み替え動議が可決されるということは、長が、このまま何らの措置もとらなければ、予算案否決という可能性につ

ながるのです。

　よって、組み替え動議が可決された場合、議会と長は「政治折衝」を行うことになります。そこでは、「組み替え動議の内容どおりに予算を組み替えて再提出する」「一部分だけ議会の意向を受け入れる」「次の議会で補正予算を上程し対応する」など、議会と長の間で妥協点を探る折衝が行われ、結果、政治的正統性をもつ両者による「落としどころ」に着地することになるのです。

　この組み替え動議の場合、修正動議のように長により再議に付されて白紙に戻ってしまうことはありませんし、一部だとしても議会側の意向が予算に反映される可能性があります。

　また、予算の修正動議に比べて作成が難しくありません。

　こうなると、議会事務局職員としては修正動議ではなく、組み替え動議を選択したくなる誘惑にかられます。

　しかし、忘れてはならないのは、それを決めるのはあくまでも議員であって、議会事務局職員ではないということです。

3-6 ◎…議決事項①
議決に付すべき契約

▶▶ 議会の議決に付すべき契約

　地方公共団体が締結する契約のうち、条例で定める一定のものについては、自治法96条1項5号により議会の議決事項（必要的議決事件）とされています。

■地方自治法

第96条　普通地方公共団体の議会は、次に掲げる事件を議決しなければならない。
　（一～四　略）
　五　その種類及び金額について政令で定める基準に従い条例で定める契約を締結すること。
　（六～十五　略）
②　（略）

　ここでいう「政令で定める基準」は、自治法施行令121条の2及び別表第三のことで、種類については「工事又は製造の請負」、金額については自治体の規模に応じた最低額を定めています。

■地方自治法施行令

第121条の2　地方自治法第96条第1項第5号に規定する政令で定める基準は、契約の種類については、別表第三上欄に定めるものとし、その金額については、その予定価格の金額が同表下欄に定める金額を

下らないこととする。
② （略）

別表第三

工事又は製造の請負	都道府県	500,000千円
	指定都市	300,000千円
	市（指定都市を除く。次表において同じ。）	150,000千円
	町村	50,000千円

　各自治体は、この基準をもとに、「議会の議決に付すべき契約に関する条例」を制定して議会の議決事項としています。

①自治法96条１項５号の趣旨

　契約の締結は地方公共団体における予算の執行の１つですから、その権限は本来的に長にあります（自治法149条２号参照）。しかし、自治体の財政規模からみて一定以上の金額となれば、それは当該自治体にとって重要なものであり、もう１つの住民代表である議会も責任をもって関与し判断すべきです。このことから、法は政令に条例制定のための基準を置くこととした上で、議会の必要的議決事件の１つに組み入れたものと考えられます。

　ここでいう「工事又は製造の請負」とは、契約書等の名称ではなく、契約の内容に基づいて判断されます。その意味では、民法上の請負（民法632条以下）よりも広い概念といえます。

　また、自治法96条１項５号は「契約を締結すること」としており、議会が自ら決定する（＝長の行為に対する同意、承認ではない）趣旨であることから、この議決は、どのような内容の契約を締結するかということについての自治体の意思決定であると解されています（静岡地沼津支判平成４年３月25日）。そして、議会の役割は、当該契約の締結に関する可否の判断であり、契約を修正することはできません（行政実例昭

和29年6月21日)。

②議決を得るまでの処理

　以上によれば、議会の議決に付すべき契約は、議会の議決を得て初めて成立するということになります。では、議会の議決を得るまでは、執行機関としてはどのように処理すべきでしょうか。

　議会の議決を得るためには、契約の相手方、内容、金額などを具体的に特定した上で議案を提出する必要があります。そこで実務では、執行機関側で相手方とあらかじめ本契約の内容となる事項について取り決めておき、議会の議決を得たときに当該事項を内容とする契約を締結する、すなわち本契約が成立する旨の文言を付した仮契約を結んでおきます。このことは、各自治体の財務規則に規定されているのが通常です。

　この仮契約の法的性質は、議会の議決を停止条件とする本契約の予約であると解されています（静岡地沼津支判平成4年3月25日）。そして、仮契約の段階では、まだ契約は成立していませんから、仮に議会がこの契約議案を否決したとしても、自治体としては仮契約の相手方に対して法的な責任は負わないのが原則です。

▶▶ 契約の変更と再議決の要否

　では、すでに議会の議決を経た契約を変更する必要が生じたとき、その変更契約について再び議会の議決を得る必要があるかどうかについて考えてみましょう。

①変更後の契約内容で判断

　自治法96条1項5号及び同施行令121条の2は、議会の議決に付すべき契約の基準について特段の例外ないし除外を定めていません。したがって、契約の変更においては、変更後の契約が「議会の議決に付すべき契約に関する条例」の定める要議決の要件に該当するかどうかで判断します。

　例えば、ある市では、議会の議決に付すべき契約について、条例で

「契約金額２億円以上の工事又は製造の請負」と定めており、２億2,000万円の契約について議会の議決を得ているとします。

このとき、①金額を２億4,000万円に変更する場合は、変更契約についても議会の議決が必要であり、②金額を１億8,000万円に変更する場合は、２億円を下回っていますから議会の議決は不要となります。また、③金額は２億2,000万円のままだが工期を延長する場合については、金額自体の変更はなくても依然２億円以上ですから、議会の議決を要することになります。

なお、②の場合については、議会のチェック機能の発揮という観点から、要議決の要件を満たさなくなったからといって、一度議会の議決を経た契約のその後について議会に音沙汰がなくなるのはどうか、として、契約変更時に議会へ報告する旨、執行機関と議会とで申し合わせをしておくことも考えられるところです。

②軽微な変更の場合

このように、一定の要件を満たす契約については議会がチェック機能を果たします。一方で、すでに議会の議決を経た契約の変更が軽微なものである場合でも、要件を満たす限り議会の議決事項とするというのは、実質的にはほとんど変わっていないのに、ある種二度手間のような側面もあります。そこで、軽微な変更については、再度の議決を要しないとする工夫がみられます。

どの程度までが「軽微」かは、例によって各自治体により判断・決定されます。一般的には、契約金額の変更割合（例：金額の増減がプラスマイナス５％以内）あるいは変更額（例：プラスマイナス2,000万円以内）、契約金額以外の、例えば契約期間ないし工期のみの変更などについて、自治法180条に基づく専決処分事項に指定する例が多くみられます。

また、「議会の議決に付すべき契約に関する条例」の中で規定する方法もあります（例：釧路市）。

3 7 ◎…議決事項②
議決と司法手続

▶▶ 自治法96条1項12号の趣旨

　自治法96条1項12号は、地方公共団体が関係する紛争処理に関する議決事項について、次のように定めています。

> ■**地方自治法**
>
> 　第96条　普通地方公共団体の議会は、次に掲げる事件を議決しなければならない。
>
> 　一～十一　（略）
>
> 　十二　普通地方公共団体がその当事者である審査請求その他の不服申立て、訴えの提起（普通地方公共団体の行政庁の処分又は裁決（行政事件訴訟法第三条第二項に規定する処分又は同条第三項に規定する裁決をいう。以下この号、第百五条の二、第百九十二条及び第百九十九条の三第三項において同じ。）に係る同法第十一条第一項（同法第三十八条第一項（同法第四十三条第二項において準用する場合を含む。）又は同法第四十三条第一項において準用する場合を含む。）の規定による普通地方公共団体を被告とする訴訟（以下この号、第百五条の二、第百九十二条及び第百九十九条の三第三項において「普通地方公共団体を被告とする訴訟」という。）に係るものを除く。）、和解（普通地方公共団体の行政庁の処分又は裁決に係る普通地方公共団体を被告とする訴訟に係るものを除く。）、あっせん、調停及び仲裁に関すること。
>
> 　十三～十五　（略）
>
> ②　（略）

124

かなり長い条文ですが、カッコ（3重になっていますので注意）内を読み飛ばして要点を抽出すると、「普通地方公共団体がその当事者」である、「審査請求その他の不服申立て」「訴えの提起」「和解」「あっせん」「調停」及び「仲裁」に関すること、となります。

①紛争処理手続を必要的議決事件とする理由

　自治法 96 条 1 項は議会の議決事項につき制限列挙したものですが、各号に定められている事項は、当該地方公共団体に一定以上の財政負担を強いる可能性のあるもの、あるいは団体意思を決定するものといった重大な事件です。12 号もまた、地方公共団体は事務を執行する過程でさまざまな紛争に関係する可能性があり、その解決の過程及び結果において財政その他権利義務関係の帰属に大きな影響を及ぼすことも考えられることから、これらを議会の必要的議決事件としています。

　なお、委任専決処分（自治法 180 条）は、議決権を長の専決に委ねるものですから、96 条 1 項の趣旨を逸脱しない範囲のものが 180 条 1 項の「軽易な事項」に当たると考えられます。

②提案権は長に専属、議会には修正権なし

　自治法 96 条 1 項 12 号に列記される紛争解決手段は、いずれも行政事務の執行に伴って生じる紛争に関するものですから、その議案の提案権は長に専属します。

　また、これらの議案について、議会に修正権はありません。例えば、市の公用車が追突して破損させた相手方の車の修理代として、市が 120 万円を支払うという和解の議案について、120 万円は高すぎるからといって和解額を 100 万円に修正議決することはできません。もし議会として意見や要望がある場合は、議案を可決して附帯決議の形で長に送付するという方法があります。

▶▶ 訴訟と議決の要否

　訴えの提起に関しては、当事者としては原告・被告の両方の立場があ

ること、裁判が三審制を原則としていること、地方公共団体については住民訴訟（自治法242条の２）という特殊な類型があることなどから、議会の議決の要否について少々複雑な問題が生じることがあります。

①応訴・訴えの取下げ

まず、地方公共団体が被告として訴えられたときの応訴です。この場合、応訴しないと原告の主張どおりに権利義務関係が確定してしまいますから、応訴する必要があります。このため、議会の議決は不要です。

また、訴えの取下げについても、議決は不要です。ただし、訴えを取り下げて和解する場合は、和解について議会の議決が必要です。

②上訴

上訴とは、裁判に対する不服を理由として上級裁判所に控訴・上告することをいいます。

いったん出された判決を確定させずに「第２ラウンド」以降にもち込むことですから、地方公共団体が控訴・上告する場合は議会の議決が必要です。実際には、上訴期間は判決書の送達を受けてから２週間以内と短いため（民事訴訟法285条、313条参照）、最初の訴えの提起の議案の中で、上訴の権限も含めて議決を得ておきます。

問題となるのは、地方公共団体側が被告としてスタートした第一審で敗訴した場合の上訴です。この場合、抗告訴訟については、自治法96条１項12号の条文の中のカッコ書きで除外されていますから、議決は不要となります（最判平成23年７月27日も同旨）。

抗告訴訟以外の場合は議論の分かれるところですが、上訴一般については議決が必要とされており、この考え方に基づいて上訴審で相手方から議会の議決の有無について争われる可能性もあることから、この場合も議会の議決を要するものと考えられます（行政実例昭和52年12月12日）。そうすると、第一審での応訴は議決不要ですから、あらかじめ上訴について議決を得ていませんので、第一審判決後早急に臨時会を開き、上訴について議決を得ることとなります。この他、「時間的余裕がない」として179条の専決処分で上訴する方法も考えられます。

③「4号請求」の控訴

「4号請求」とは、自治法242条の2第1項4号に定められる住民訴訟をいいます。この訴訟は、住民監査請求（自治法242条）による監査委員の監査の結果に不服があるときなどに、当該監査請求に係る違法な行為又は怠る事実につき、訴えをもって、「当該職員又は当該行為若しくは怠る事実に係る相手方に損害賠償又は不当利得返還の請求をすることを当該普通地方公共団体の執行機関又は職員に対して求める請求」で、原告は住民、被告は「当該普通地方公共団体の執行機関又は職員」です。

この訴訟において、第一審で原告住民が勝訴した場合、被告が控訴するには、議会の議決は不要と考えられます。自治法96条1項12号は「普通地方公共団体がその当事者である」としているのに対し、控訴しようとする4号請求の被告は「普通地方公共団体の執行機関又は職員」であって、地方公共団体そのものではないことが理由とされています。

▶▶ 支払督促手続におけるみなし訴えの提起と議会の議決

最近、厳しい財政状況を背景に、債権管理に力を入れる自治体が増えています。債権の回収を進めて収納率を高め、財源の確保と住民等の負担の公平を図るものと考えられます。このうち、税に代表される公債権は、強制徴収の手続を進めることで債権の回収が可能ですが、給食費や保育料などの私債権については、強制執行するには裁判手続を経なければならないのが原則です。

①支払督促手続の不服申立てとみなし訴えの提起

支払督促は、債権者が、債務者に金銭の支払い等をするよう督促する旨、簡易裁判所の書記官に申し立てるものです（民事訴訟法382条以下）。債権者の申立て書類の審査のみで督促状が発付され、手数料は訴訟の半額で済み、債務者から異議申立てがなければ、仮執行宣言が付されて強制執行が可能となることから、簡易・迅速に債権回収ができる制度です。

支払督促を受けた債務者は、異議があればその旨を2週間以内に申し

立てる（督促異議の申立て）ことで、通常の訴訟手続に移行します。これが、民事訴訟法 395 条に定められている「みなし訴えの提起」です。

> ■民事訴訟法
> 　（督促異議の申立てによる訴訟への移行）
> 　第 395 条　適法な督促異議の申立てがあったときは、督促異議に係る請求については、その目的の価額に従い、支払督促の申立ての時に、支払督促を発した裁判所書記官の所属する簡易裁判所又はその所在地を管轄する地方裁判所に訴えの提起があったものとみなす。この場合においては、督促手続の費用は、訴訟費用の一部とする。

②みなし訴えの提起と議会の議決の要否

　民事訴訟法 395 条によれば、地方公共団体が債権者として行った支払督促手続に対し、債務者が督促異議の申立てをした場合、地方公共団体が訴えを提起したとみなされます。これが、自治法 96 条 1 項 12 号の「訴えの提起」として議会の議決を要するか、が問題となります。

　かつての行政実例では、この場合には議決は不要としていました。しかし、このことが問題となった最判昭和 59 年 5 月 31 日は、以下のように判示して、みなし訴えの提起の場合でも議会の議決を要するとしました。

> ■最判昭和 59 年 5 月 31 日
> 　「普通地方公共団体の申立に基づいて発せられた支払命令に対し債務者から適法な異議の申立があり、（旧）民訴法 442 条 1 項の規定により右支払命令申立の時に訴えの提起があつたものとみなされる場合においても、地方自治法 96 条 1 項 11 号（現行法では 12 号）の規定により訴えの提起に必要とされる議会の議決を経なければならないものと解するのが相当である。」
>
> 　　　　　　　　　　　　　　　　　　　　　　（カッコは筆者）

　この判決を受けて、国もかつての行政実例を変更しました。これは、

行政実例が万能ではないことを示す1つの例でもあります。

③議会の議決をどのようにとるか

　支払督促が債権者側の申立てだけで進められるため、債務者の督促異議の申立ても緩やかに認められます。したがって、支払督促手続に際しては、民事訴訟法395条のみなし訴えの提起となる可能性も踏まえて、議会の議決をどのようにとるかを考える必要があります。

　考えられるのは、支払督促を申し立てる前にあらかじめ議決を経ておくか、適法な督促異議の申立てがあった場合に速やかに議決を経る、というところでしょう。しかし、いずれも頻度によっては手続が煩雑となり、簡易・迅速な債権回収にとってはマイナスの感があります。特に後者では、督促異議の申立ての送達を受けてから2週間以内に臨時会を招集して議決するとなると、時間的にも厳しい可能性があります。

　1つの方法は、長の専決処分です。横浜市の例では、市会が閉会中のときの訴訟への移行に際して、「時間的余裕がない」として自治法179条1項の法定専決処分を行っています。また、函館市では、自治法180条1項の委任専決処分事項として「支払督促の申立てに係る訴えの提起、和解および調停に関すること」を指定しています。179条1項の「時間的余裕がない」に当たるかは、事案によって判断が変わる可能性もありますから、後者のほうがより確実といえるでしょう。さらに後者では、「軽易な事項」として一定額以下の債権に限定することも考えられます。

　もう1つ、いわゆる債権管理条例に規定を置く多賀城市の例をみてみましょう。多賀城市の私債権の保全及び管理に関する条例5条2項は、「……民事訴訟法（平成8年法律第109号）第395条の規定により支払督促の申立てが訴えの提起とみなされるときは、当該訴えの提起について法第96条第1項の規定による議会の議決があったものとする」と定めています。ただ、権利の放棄に関する自治法96条1項10号と比べ、12号には「法律若しくはこれに基づく政令又は条例に特別の定めがある場合を除くほか」の文言がありませんから、条例で議会の議決があったものとすることについては一考の余地があるかもしれません。

38 ◎…長の専決処分①
179条専決処分

▶▶ 自治法179条の専決処分（法定代理的専決処分）

　長の専決処分とは、議会が議決すべき事件に関して、議会の議決又は決定を経ずに、長が処分又は決定をすることをいいます。

　自治法は、執行機関の章で、普通地方公共団体の長と議会との関係の1つとして、専決処分に関する2つの規定を置いています。このうち、179条に定める専決処分は、法が定める一定の要件を満たせば、地方公共団体の長が議会において議決すべき事件につき、議会に代わって処分・決定ができるというものです（法定代理的専決処分）。

■地方自治法

第179条　普通地方公共団体の議会が成立しないとき、第113条ただし書の場合においてなお会議を開くことができないとき、普通地方公共団体の長において議会の議決すべき事件について特に緊急を要するため議会を招集する時間的余裕がないことが明らかであると認めるとき、又は議会において議決すべき事件を議決しないときは、当該普通地方公共団体の長は、その議決すべき事件を処分することができる。ただし、第162条の規定による副知事又は副市町村長の選任の同意については、この限りでない。

② 議会の決定すべき事件に関しては、前項の例による。

③ 前二項の規定による処置については、普通地方公共団体の長は、次の会議においてこれを議会に報告し、その承認を求めなければならない。

④ 前項の場合において、条例の制定若しくは改廃又は予算に関する処置について承認を求める議案が否決されたときは、普通地方公共団体

> の長は、速やかに、当該処置に関して必要と認める措置を講ずるとともに、その旨を議会に報告しなければならない。

①専決処分事由

179条の専決処分の要件は、次のいずれかを満たすことです（1項）。
①議会が「成立しない」とき
②議会が第113条ただし書（本会議の定足数の例外）の場合においてなお「会議を開くことができない」とき
③長において、議会の議決すべき事件について、特に緊急を要するため「議会を招集する時間的余裕がない」ことが明らかであると認めるとき
④議会が議決すべき事件を「議決しない」とき

これらの要件のうち、①と②は、議会が議会として機能できない状態にあるのに対し、③と④は、議会自体は機能できる状態にあるという点が異なります。また、①、②、④は、機能不全の原因が議会側にあるのに対し、③は、議会自体は議決しようと思えばできるのに、時間がないから、という点に特徴があります。

実際に行われる179条の専決処分は、この③の「時間的余裕がない」の要件によるものが大多数です。典型例として、年度当初の税条例の改正が挙げられます。これは、新年度当初に施行されるべき地方税法の一部改正案の国会での成立が今年度末ギリギリの時点であった場合、これに伴う税条例の一部改正を4月1日に施行する必要があることから、議会を招集する時間的余裕がないとして専決処分するというものです。

なお、副知事又は副市町村長の選任の同意については、専決処分することはできません（1項ただし書）。議会の同意を長の選任の要件としているもののうち、これらは任意設置であることによるものです。

②議会への報告と承認

179条の専決処分については、地方公共団体の長は、次の会議におい

て議会に報告し、その承認を求めなければなりません（3項）。「次の会議」には臨時会も含まれますが、仮に議会が不承認としたとしても、専決処分自体の効力には影響しないと解されています（行政実例昭和22年11月29日）。

▶▶ 179条専決処分と議会の不承認

さて、自治法179条には、平成24年の法改正で、議会が不承認とした場合の措置に関する規定が追加されました。179条4項は、条例の制定・改廃や予算に関する専決処分に対して議会が承認しなかった場合、長は速やかに「必要と認める措置」を講じ、議会にこれを報告する義務を負う旨を定めています。

① 「必要と認める措置」とは

では、自らの専決処分に対し議会が承認しなかった場合、長はどんな「措置」をすればよいのでしょうか。「必要と認める措置」としては、例えば補正予算の提出や改正条例案の提出などが考えられるところですが、その具体的な内容は長が適切に判断するものとされています。

② 「必要と認める措置」の事例

ここで、「必要と認める措置」の事例をみてみましょう。

まず、条例の制定・改廃に関しては、平成26年の佐賀県基山町の事例があります。これは、国民健康保険条例の一部改正について、改正地方税法施行令の公布・施行に合わせるため、専決処分事由の③、「時間的余裕がない」の要件に基づき町長が専決処分を行ったところ、その直後の定例会において当該専決処分が不承認となったケースです。

町長は議会の不承認を受け、条例改正についての見直しは行わないものの、「説明責任を果たす観点から」179条4項の「必要と認める措置」として公告を行いました。公告では、当該専決処分に関する経緯や改善に向けた取組みのほか、専決処分を行う場合は「慎重かつ適正に判断」する旨を述べています。

また、予算に関しては、補正予算の専決処分に関する事例があります。四街道市は、千葉県から補助金を受けて学童保育所の整備を進めていましたが、うち1件の施設の工事が平成26年3月末までに完了しないことが年度末間際に判明し、繰り越し手続が間に合わず補助金を受けられなくなったため、市長は25年度末に財政調整基金から繰入れを行う補正予算を専決処分しましたが、議会はこれを不承認としたものです。

　市長は議会の不承認を受け、①一連の経過に関する広報などによる公表、②事業の適正な執行管理の徹底についての各部局への依命通達のほか、③自治法199条6項に基づく事務監査請求を行い、第三者（監査委員）により客観的に「必要と認める措置」の内容を明らかにする旨の措置を行っています。

③長と議会が折り合う場所

　条例や予算の制定権は本来議会にありますから、議会がノーと言った場合に、長に何らかの「オトシマエ」を求める179条4項の趣旨は理解できます。しかし、179条のそもそもの解釈として、専決処分は不承認とされても有効で、ゆえに4項は、長が「必要と認める措置」として広い裁量を与えているわけです。このことからすれば、専決処分が適法になされる限り、承認しないからといって何が何でも処分前の状態に戻すことは、法的安定性の観点からは必ずしも了とはいえません。

　住民の立場に立って考えれば、議会としてもあまり厳しい措置を長に要求すべきではないでしょう。議会も長も、二元代表制に基づく地方自治の「車の両輪」として、過度の混乱を避け、折り合いをつける場所として、4項の適用を考えるべきと思います。

3—9 ◎…長の専決処分②
委任専決処分

▶▶ 自治法180条の専決処分（委任専決処分）

　自治法が定める長の専決処分には、もう1つ、180条の規定があります。こちらは、議会が指定した事項について行うもので、委任専決処分といわれています。

> ■地方自治法
> 第180条　普通地方公共団体の議会の権限に属する軽易な事項で、その議決により特に指定したものは、普通地方公共団体の長において、これを専決処分にすることができる。
> ②　前項の規定により専決処分をしたときは、普通地方公共団体の長は、これを議会に報告しなければならない。

①179条との違い　―承認不要―

　委任専決処分は、専決処分事項についてあらかじめ議会が指定、すなわち事前に容認している点で、一定の要件を満たす場合に議会の意思とは別に長が判断して行う179条の専決処分と異なります。したがって、どちらも議会の議決すべき事項を対象としてはいますが、180条の場合は専決処分の実施により議会と長が対立する要素はありません。
　このため、委任専決処分においては、179条の専決処分のように処分後に議会の承認を得る必要はなく、単に報告すればよいこととなっています（180条2項）。

②専決処分事項の指定 ―委任できる議決事件―

　自治法180条1項は、長が専決処分できる要件として、「議会の権限に属する軽易な事項で、その議決により特に指定したもの」と規定しています。議決権は、二元代表制における議会の存在意義そのものといってもよい最大の権限ですから、これを委任するということは、自身の存在意義を否定することにつながりかねません。したがって、法は「軽易な事項」に限って、議会が自身の権限を自らの意思で委任することを認めているわけです。

　「軽易な事項」には明確な定義はなく、自治体によってその線引きは異なります。例えば、指定事項によくある「損害賠償額の決定」をみてみましょう。法律上その義務に属する損害賠償額の決定は、自治法96条1項13号に定められている議会の議決事項です。これによれば、たとえ10円でも損害賠償額であれば議会の議決が必要となりますが、金額が低い場合にはこれを「軽易な事項」として180条の専決処分事項に指定することができます。ではその金額とは、ですが、例えば東京都議会は3,000万円以下、仙台市議会は500万円以下、長野県軽井沢町は100万円以下と、自治体の規模などの事情でまちまちとなっています。

　一方、例えば条例の制定・改廃について包括的に長に委任するというのは、どうみても広すぎると考えられますから、専決処分事項に指定することはできないと解されています。結局、軽易な事項に当たるか否かは、96条1項各号に代表される議会の議決事項全体のバランスの中で、それぞれの議会が「この程度なら長に任せてしまってよい」と考えるものを、自らの意思で定めることになるでしょう。

▶▶ 専決処分事項の指定例

　実際に各自治体で180条の専決処分事項に指定されているものとしては、次のような例がみられます。それぞれ対応する自治法96条1項各号列挙の議決事項のうち、「軽易」と考えられる範囲を指定しています。
①損害賠償額の決定（96条1項13号参照）
　この中には、交通事故の場合は自動車損害賠償保障法に基づく自賠責

保険の保険金額を除外するケースも多くみられます。

②訴えの提起、和解、調停など（同項12号参照）

　目的物の価額に一定以下という条件をつけるほか、公営住宅の家賃滞納や明け渡し、公の施設の使用料滞納に関するものなど別途に定めている例があります。また、支払督促手続で相手方の不服申立てによるみなし訴えの提起（民事訴訟法395条）に関するものもあります。

③すでに議決を経た契約の軽微な変更（同項5号参照）

　一定の金額あるいは率の範囲内で契約金額を変更する例がみられます。変更前金額との比較のほか、複数回にわたる変更について、当初契約の金額から変更額を積算して一定額の範囲内とする例もあります。

④権利の放棄（同項10号参照）

　一定額の範囲内で、回収不能となった私法上の債権の処分を主な目的とする例があります。

⑤条例の軽微な変更・修正（同項1号参照）

　既存条例の誤字脱字の修正や、法令の改正・廃止により条例中の当該法令を引用する規定の整理（法令の条番号の繰下げに伴い、条例中に引用する当該法令の条番号を合わせるなど）などがあります。

▶▶ 例規集上の記載

　さて、議会の委任による専決処分事項の指定の方法について、自治法180条1項は「議決により」としています。では、実際にはどのような形で定められているでしょうか。自治体の例規集をみてみましょう。

①例規集ではどう表現されているか

　専決処分事項の指定について、多くの自治体では例規集上「議決」としていますが、「条例」として規定している自治体も少なからずあります（例：福岡市、横須賀市、大津市、盛岡市）。また、「規程」とする例（高知県東洋町）もあります。

　さらに、「（議長）告示」とするもの（例：岐阜県、萩市）、「訓令」としているもの（例：高知県東洋町）、「発議第〇号」としているもの

(例：安芸高田市、山形県大江町)、あるいは「種別なし」としたり (例：諏訪市、滋賀県愛荘町)、記載がないもの (例：大竹市) もあります。

②ものさしは公示の要否？

これだけバラエティに富んでいる規定も珍しいですが、少し整理してみましょう。

一般に、議会の議決すべき事項は、上程された議案を審議し、表決を経て可決されたものは、必要により公布に代表される公示の手続をとります。これによると、前述の各自治体の例は、①法形式（「議決」「条例」「規程」）、②議案形式（「発議」）、③発令形式（「条例」「規則」「告示」「訓令」）の各次元におおよそ分けられます。

例規集本来としては、③の発令形式として「条例第○号」「規則第×号」などと表記する箇所に載せるとすれば「告示」「訓令」あたりが自然でしょう。告示は不特定多数の人に向けられる公示の一形式、訓令は上級機関が下級機関に対して発する命令のことをいいます。

専決処分事項の指定について公示を要するという考えに立てば、発令形式は「告示」となるでしょう。あるいは、条例なら公布手続（自治法16条）がありますから、法形式を「条例」とすることも考えられます。一方、専決処分事項の指定は長と議会の関係に関するもので公示手続は不要と考えれば、発令形式は「訓令」としたいところですが、議会の「下部機関」というと少々違和感もありそうです。

結局、適当な言葉が見当たらないので、自治法180条の文言どおり「議決」とする、あるいは採番の便宜上「発議」としておく、あるいはそのまま「種別なし」とか空白にする、という素直（？）な結論もアリでしょう。

さて、皆さんは、どう考えますか？

3-10 ◎…請願・陳情

> ▶▶ **請願・陳情に関する法制**

「請願」と「陳情」は、地方議会においてよく耳にする言葉です。

両者の違いは、請願が国民の基本的権利として保障されているものであるのに対して、陳情は法律上保障された権利の行使ではなく、事実上の行為だということです。

①請願・陳情に関する法制

請願は、憲法、請願法及び自治法に規定された国民の権利です。

行政実例(昭和26年10月8日)においても、「請願は、憲法、法律に規定された国民の権利であるから、その請願が法定の形式を具備していれば、議長において受理を拒む権限はない」旨が示されています。

そのため、請願の取扱いについて、議会は慎重であり、議会事務局における実務もしっかりとマニュアル化され、行き届いたOJTがなされているのが普通です。

よって、ここでは、実務を考える前に改めて請願に関する法制について確認しましょう。各議会事務局とも実務は大丈夫、ならばこの機会に法律を再読しておこうということです。

> ■**日本国憲法**
> 第16条 何人も、損害の救済、公務員の罷免、法律、命令又は規則の制定、廃止又は改正その他の事項に関し、平穏に請願する権利を有し、何人も、かかる請願をしたためにいかなる差別待遇も受けない。

■請願法

第1条　請願については、別に法律の定める場合を除いては、この法律の定めるところによる。

第2条　請願は、請願者の氏名（法人の場合はその名称）及び住所（住所のない場合は居所）を記載し、文書でこれをしなければならない。

第3条　請願書は、請願の事項を所管する官公署にこれを提出しなければならない。天皇に対する請願書は、内閣にこれを提出しなければならない。

② 請願の事項を所管する官公署が明らかでないときは、請願書は、これを内閣に提出することができる。

第4条　請願書が誤つて前条に規定する官公署以外の官公署に提出されたときは、その官公署は、請願者に正当な官公署を指示し、又は正当な官公署にその請願書を送付しなければならない。

第5条　この法律に適合する請願は、官公署において、これを受理し誠実に処理しなければならない。

第6条　何人も、請願をしたためにいかなる差別待遇も受けない。

■地方自治法

第124条　普通地方公共団体の議会に請願しようとする者は、議員の紹介により請願書を提出しなければならない。

第125条　普通地方公共団体の議会は、その採択した請願で当該普通地方公共団体の長、教育委員会、選挙管理委員会、人事委員会若しくは公平委員会、公安委員会、労働委員会、農業委員会又は監査委員その他法律に基づく委員会又は委員において措置することが適当と認めるものは、これらの者にこれを送付し、かつ、その請願の処理の経過及び結果の報告を請求することができる。

　請願については、まず憲法に規定があり、一般法として請願法、特別法として国会法、自治法があるという法制になっています。請願法は天皇に対する請願、官公署に対する請願に、国会法は国会に対する請願に、自治法は地方議会に対する請願についてそれぞれ規定しています。

　自治体に関していえば、執行機関に対する請願は請願法により、地方議会に対する請願については自治法及び会議規則によることになりま

す。

　陳情については法律上保障された権利の行使ではなく、事実上の行為ですが、標準会議規則には「陳情書又はこれに類するもの」で「議長が必要があると認めるもの」（都道府県会規93条、町村会規95条）ないし「その内容が請願に適合するもの」（市会規145条）は、「請願書の例により処理するものとする」という規定があります。

　よって、陳情は議長の判断によりその取扱いが決まります。陳情書のコピー配付、議長預かりとするなど、その態様は議会によってさまざまです。

②紹介議員の位置づけを考える

　「請願の紹介議員は、請願の内容に賛成である必要がある」というのが一般です。これに対して、「自治法124条の『紹介』という文言からはそこまで読み込むことはできない。紹介議員は請願者と議会の橋渡し役にすぎず、賛意までは要しない」という説があります。

　「紹介議員は請願の内容に賛成である必要がある」という説には、行政実例という後ろ盾があります。はっきりと言い切っていますので、以下に記しておきます。

■請願の紹介議員
（昭和24年9月5日地自滋第4号　滋賀県議会事務局長宛行政課長回答）

問1　議会に対する請願書の紹介議員とは、その請願内容に賛意を表する者でなければ、署名紹介できないか。

問2　若しも、右の場合議員が反対であれば、その請願は、議会に提出することができないことになるかどうか。

答1　請願の内容に賛意を表するものでなければ、紹介すべきものでない。

答2　お見込みのとおり。但し、陳情書を提出する等の方法によることができる。

　一方、「賛意までは要しない」という説は、まず「請願は憲法が保障

した国民の権利であり、一般法としての請願法には紹介という要件がない。これらを勘案すると自治法に規定する紹介議員に賛意が必要とまで読み込むことはできない」とし、紹介議員の役割は、議会の手続に通じている者として請願者と議会の橋渡しをするにすぎないというのです。

いずれにしても、議員が紹介議員になる動機は議会事務局の関知するところではありません。

ただし、議員からの問いに応じるとすれば、委員会は、審査のため必要があると認めるときは、紹介議員の説明を求めることができ、紹介議員はこれに応じなければならない旨を定める標準会議規則の規定（都道府県会規91条、市会規142条、町村会規93条）を示すことになります。また、国等への意見書の提出を求める請願の場合、当該請願が採択されたときは意見書案を作成する必要がある旨、付言しておいてもいいでしょう。

③紹介議員の位置づけは従来どおりなのか

現在、各議会では委員会における請願者の意見陳述が盛んに行われています。住民参加の「開かれた議会」という意味で、地方議会「業界」でも高く評価されるものの1つです。

請願者本人とすれば、当該請願に至った経緯や思いを語る機会を得られるわけですから満足度も高いと思われますが、請願者の意見陳述の前に紹介議員から説明を受けているかどうか、興味のあるところです。

つまり、審査の順序として、紹介議員の説明を経た上で、なお必要と認めて請願者本人に意見陳述を求めているのかどうかです。紹介議員の説明が先でないとすれば、その位置づけとして、紹介議員は単なる橋渡し役にすぎないという説のほうに分が出てくると考えられるのです。

④再考・紹介議員の存在意義

ここで、改めて請願における紹介議員の存在意義について考えてみましょう。

出発点は、陳情との比較です。前述のとおり、請願は自治法上にも規定のある法的に保障された権利の行使であるのに対し、陳情は事実上の

行為です。また、請願は議会での審議の対象となるのに対し、陳情はコピー配付など、受理後の取扱いに差がある議会も多くあります。

　この違いは、紹介議員の要否にあると考えることができます。

　請願は、議会での審議の対象となる点では他の議案と同じです。議案の提出権は長のほか、議員にあります。請願は、議員が提出する発議と同じ扱いを受けることになるのです。

　その根拠は、請願が「紹介議員」というフィルターを通っていることに求められると考えられます。であるならば、紹介議員には発議と同等ないしそれに近い「重み」があるわけです。その「重み」は、単なる橋渡し役で務まるものではないでしょう。

　紹介議員の存在は、請願者に付き添って願意につき審議を求めるものといえます。紹介議員に賛意を求める理由はここにあると思うのです。

▶▶ 請願文書表の公表と個人情報

　議長は、請願者の住所・氏名、請願の要旨、紹介議員の氏名などを記載した請願文書表を作成して議員に配付します（都道府県会規89条、市会規140条、町村会規91条）。請願の原本に基づいて作成された請願文書表は、議会での審議に用いられるほか、会議録に掲載されます。

　請願についての情報を傍聴人資料として、さらには広くホームページで公表している議会もあります。

　ここで問題になるのは、請願者の住所、氏名を傍聴人資料、ホームページに掲載するかどうかです。

　インターネットで検索してみると、請願者の住所、氏名を公表している議会、公表していない議会とさまざまです。

　請願は住民による政策提案の一種として議会の審議にかかりますから、提出者としての責任をもたせるためにも、また、「開かれた議会」の要請からみても、「請願文書表に記載されている情報は公開すべきである」と考えることもできるでしょう。

　しかし、この場面では、個人情報ないしプライバシー保護の視点も必要です。一般論として、個人に関する情報、すなわち特定個人が識別さ

れる情報を議会から積極的に公表していく必要はないと思います。仮に、請願者本人が公開されることに同意している場合であっても、公開の必要性にはなお疑問が残ります。

　現代の情報化社会におけるプライバシーの問題は非常に混沌としています。どこでどのように請願者本人のプライバシーが侵害されるかわからない世の中です。

　住民の間で意見が二分されているようなセンシティブな問題の請願について、その請願者の住所、氏名を公表していくことに何らかのメリットが見出せるのか、あるいは、議会として公表しなければならない事項なのか、よくよく考えるべきでしょう。

　議会からの情報発信は推進していくべきですが、個人情報保護、プライバシー保護の視点を注入すること、すなわち「開かれた議会」の要請と、請願者のプライバシー保護という相反関係にある価値を比較考量することこそ、実務家の役割ではないでしょうか。

3-11 ◎…意見書の提出

▶▶ 議会の機関意思の表明

　地方公共団体の議会がもつ権限の1つに、意見表明権があります。これは、ある事項について、議会が機関としてその意思や見解等を表明する権限です。
　議会の意見書提出権は、意見表明権の1つと位置づけられます。自治法99条は、「普通地方公共団体の議会は、当該普通地方公共団体の公益に関する事件につき意見書を国会又は関係行政庁に提出することができる」と規定しています。

①意見書提出のプロセス

　意見書とは、地方公共団体の公益に関する事件について、議会としての意思や見解などを意見としてまとめた書類をいいます。その発案権は議会を構成する議員に専属し、議会の議決を経た意見書は、議会を代表する議長名で作成、提出するものとされています。
　意見書の提出は、請願（「○○を求める意見書を提出することを求める請願」）を契機とする場合も多くありますが、当該請願が採択されたときでも、実際に意見書案を議会に提出するのは議員です。当該請願が委員会での審査を経て本会議で採択されたら、これに基づいて議員が意見書案をとりまとめ、発議案として提出する、という流れとなります。もちろん、請願を契機とせずに提出される場合もあります。
　意見書案の取扱いについては、議会によってさまざまなルールがあります。例えば、「意見書案の処理は議会運営委員会で協議し、賛成した議員が連名で発議案の提出者となる」というものがあります。あるい

は、「議会運営委員会で全会一致しないと発議はしない」とか、「議会運営委員会で全会一致した場合には、発議は議会運営委員会名でなされる」というものもあります。その他、「他の議会提出議案と同様に、本会議での提案説明や委員会付託を省略する」という取扱いも多くなされています。

　意見書には、提出先に対する法的拘束力はありませんが、住民代表で構成する議会の総意として尊重されるべきものです。例えば、国会（衆議院・参議院）では、提出された意見書は、関係する委員会に参考送付しています。

②意見書案と議会事務局

　意見書は議会の機関意思の表明ですから、そこには当該議会、あるいは議会を構成する議員の「気持ち」や「思い」が込められますし、筆を尽くして込められてよいものといえます。したがって、意見書案に対しては、議会事務局も「てにをは」や誤字脱字、事実誤認（日付や名称の勘違いなど）はともかく、文章表現に手を入れるべきではないでしょう。意見書の文章は、提出議員の責任においてその思いを存分に記してこそ、議会独自の意思を表明するものとして輝きを見せるともいえます。

　ただし、意見書案の内容が時機を逸する可能性（ある法案の撤回を求める意見書案の採決日より前に当該法案が成立してしまう、など）は確認しておきましょう。場合によっては意見書案の取下げもあり得ます。

▶▶ 意見書はどこに提出するのか

　意見書の提出先は「国会又は関係行政庁」とされています（自治法99条）。このうち、「国会」は、平成12年の改正で追加されたものです。また、「関係行政庁」は、意見書の内容について権限を有する行政機関とされ、国の行政機関のほか、地方公共団体の行政機関も含まれます。

　先ほど、「議会事務局は文章表現に手を入れるべきではない」と述べ

ましたが、内容とは無関係の機関に意見書を提出する「とんちんかん」は避けなければいけません。そこで、議会事務局職員としては、意見書の内容にふさわしい機関をきちんと選択する目をもち、その限りでは、意見書の本文にひと工夫を加えることが必要となる場合があります。

①特命担当大臣への意見書提出

　特命担当大臣は、内閣府設置法に基づき、内閣の重要政策に関して行政各部の施策の統一を図るために特に必要がある場合に内閣府に置かれるものです。この特命担当大臣は関係行政機関の長に対し、事務の遂行のため資料の提出や説明を求めたり、勧告したりできるほか、内閣総理大臣に意見具申する権限も有しています。したがって、内容によっては、所管官庁の大臣だけでなく、特命担当大臣宛てにも意見書を提出することができると考えられます。

②裁判所への意見書提出

　問題となるのが、裁判所に対して意見書を提出できるか、です。
　自治法99条は、意見書の提出先を「国会又は関係行政庁」として、裁判所を除外していますが、その理由は、憲法が保障する「司法権の独立」の確保を念頭に置いているものと考えられます。確かに、憲法は、他の国家権力からの司法権の独立を、裁判所の設置、裁判官の身分保障、最高裁判所の規則制定権などの形で保障しています。一方で、下級裁判所の設置や裁判所の員数等は法律事項であり、下級裁判所の裁判官は内閣が任命するなど、いわゆる司法行政的側面については、立法や行政も一定の権限をもって関わるとしています。このことからすると、意見書の内容が、司法権の行使そのものではなく、裁判所の員数の増減、下級裁判所の設置、統廃合といった司法行政に関するものについては、自治法99条が裁判所を除外する趣旨に抵触しないといえます。
　実際の事例をみてみましょう。東京地方裁判所は、本庁のほか八王子市に支部が置かれていましたが、平成21年、立川市に立川支部が設置され、八王子支部は廃止されました。これに関して、東京都多摩地域の複数の自治体で、立川支部の本庁化と八王子支部の存置を求める趣旨の

意見書案が可決され、その提出先には最高裁判所長官が含まれているものがあります。こうした処理は、前述の立場に立つものと考えられます。

このような事例は、まさに当該自治体の公益に関する事項ですから、意見書の提出は可とすべきでしょう。それでも、自治法 99 条の文言は気になります。司法行政的側面については裁判所も「関係行政庁」に含みうると解釈するにはやはり勇気（？）がいるよ、と考える人もいるのではないでしょうか。

先の例を材料に、解決方法を考えてみましょう。裁判所の支部の本庁化について、下級裁判所の設置は「下級裁判所の設立及び管轄区域に関する法律」に定められていますので、司法行政を管轄する法務大臣あるいは内閣総理大臣に加え、衆参両院の議長を提出先とします。一方、支部の存置については、「地方裁判所及び家庭裁判所支部設置規則」という最高裁判所の規則に関する問題です。そこで、最高裁判所にも意見書の提出を、といきたいところですが、自治法 99 条の文言上気がひけるので、代わりに「最高裁判所と連携して」といった趣旨の文言を意見書の本文にしのばせる、という手もあるでしょう。

また、議会基本条例を制定している自治体では、意見書の提出に関する規定で、「関係行政庁等」としているケースもあります（例：さいたま市議会基本条例 12 条）。自治法 99 条の文言との関係から、「裁判所」と書かず「等」としているものと考えられます。

意見書の提出先は発議案の一部ですから、最終的には当該議会で判断すべきことです。そして、議会事務局職員としては、意見書本来の趣旨に立ち戻り、まずは議会が意思を表明することを念頭に、これを可能とする意見書の提出先を考えるべきだと思います。

3-12 ◎…決議

▶▶ 決議とは何か

　決議は、議会の機関意思の表明です。その意味で自治法99条の意見書と似ています。しかし、決議一般としては法的根拠がありません。
　よって、多くは事実上のものですが、中には法的効果を生じさせるものもあります。

①法的効果を伴う決議

　法的効果を伴う決議としては、特別委員会設置の決議（自治法109条4項）や議会の検閲検査権、監査請求権の発動のための決議（自治法98条）などが挙げられます。
　しかし、最もシビアなのは「長の不信任決議」です。自治法178条にその規定があります。
　この決議案が可決された場合、長は10日以内に議会を解散するか、解散しないときは失職することになります。
　ここでは、もはや議会と長は、抜き差しならない状態です。
　長の不信任決議案が可決された例として、平成14年の長野県議会、平成21年の阿久根市議会のケースが報道され話題となりました。

②事実上の（法的効果を伴わない）決議

　法的効果を伴わない事実上の決議は、「議会はこう考えている」という意思の表明で、その内容にはありとあらゆるものがあります。
　先の「長の不信任決議」に類似したものとして「長に対する問責決議」があります。これは法的効果を伴うものではありませんが、「議会

は長の姿勢には問題があると考える」旨の意思の表示であり、住民にも明らかにされますから、政治的効果を伴うものといえます。

政治的効果を伴うものとしては、長に対するもの以外に、「議長の不信任決議」「〇〇議員問責決議」「〇〇議員辞職勧告決議」など議会内部のものがあります。議長の不信任決議案が可決された例としては、平成23年の東京都議会のケースが都議会史上初として報道されました。

▶▶ 決議案と議会事務局

決議は議会の機関意思の表明ですから、決議案には議会、議員の「気持ち」や「思い」が込められています。このことは、意見書と同様です。

よって、議会事務局が決議案に対して、その文章表現に軽々に手を入れるべきではありません。

特に、法的効果を伴う「長の不信任決議」や、政治的効果にとどまるとはいえ「長に対する問責決議」「議長の不信任決議」の案文に手を入れることは、議会事務局の仕事としてはなじまないものです。そこには高度の政治的な意図が介在しているからです。議員も長も、二元代表制のもとで、住民による選挙という政治的正統性をもった存在です。議会事務局職員との決定的な違いです。

この場面での議会事務局の役割は、せいぜい誤字・脱字、事実誤認の有無を確認する程度ですが、そうであっても極めて政治色が強いものだけに、その決議案に反対の議員が議会事務局をどうみるか、実際、「議会事務局が加担している」とあらぬ誤解をする議員がいないとも限りません。それが議会という政治の場での人間関係なのです。

ですから、この手の極めて政治色の強い決議案について議会事務局が関わる場合は、管理職対応とするなど、トップシークレット扱いで対応する配慮が必要で、若手職員にさせるべき仕事ではないと考えます。各議会には独自の文化がありますから、このような言い切りには異論があるかもしれません。しかし、これが筆者の現場感覚なのです。

事実上の決議であっても、こうした政治色の強いものは、他の決議案

とは「モノが違う」と考えてほしいと思います。

▶▶ 委員会における附帯決議

決議にはもう1つ、附帯決議というものがあります。これは文字どおり、委員会において、議案に付随してなされる決議です。

①附帯決議とは何か

委員会で審査された後、表決を経て可決された議案について、その執行に関して「ひとこと」言っておきたい、というのが、委員会における附帯決議です。委員会ですから、附帯決議案は委員1人でも提出することができます。

委員会で附帯決議が付されたときは、本会議の委員長報告でその旨と内容が報告され、本会議における表決の「参考」とされます。しかし、表決の対象はあくまで当該議案のみであって、附帯決議は表決の対象とはなりません。

逆にいえば、委員会における附帯決議は本会議の表決の「参考」にされるにとどまり、その議案が本会議で可決されたとしても、附帯決議の内容は議会の機関意思とはならないのです。

よって、附帯決議の内容は、執行機関を法的にも、政治的にも拘束するには至りません。それでも、公開の場で本会議の縮図である委員会が「ひとこと」添えたという事実は、会議録に記載されますし、傍聴や議会中継、あるいは報道によって住民の知りうるところとなります。その事実上のプレッシャーは、執行機関としても完全に無視するわけにはいかないといえるでしょう。

②委員会での附帯決議を議会の意思にするには

委員会での附帯決議を議会の意思にする方法はあります。附帯決議を付した委員会の委員長又は委員が議員の立場で、附帯決議案を議長に提出し（動議の提出要件を満たす必要があります）、本会議で可決されることにより、附帯決議の内容は議会の機関意思となります。

今度は本会議で提出・可決された決議ですから、議決として長に送付されます。そうなって初めて、長を政治的に拘束することになるのです。

③附帯決議の活用例

附帯決議が行われる例の1つに、予算案に関するものがあります。

予算の制定権はもちろん議会にありますが、その調製及び執行権は長にあります（自治法149条2号）。議会としては、長が提出した予算案を修正するにしても、長の予算提出権の侵害とならない範囲に限られます（自治法97条2項参照）。

予算案を修正するほどのことはないものの、手放しで可決して執行させてしまうのは少々懸念が残るといった場合には、当該予算を審議する委員会で附帯決議を付するという方法が考えられます。附帯決議なら、法的な拘束力はないため、長の予算調製及び執行権を侵すことなく、執行機関に対して議会の思うところを伝え、留意するよう求めることができるのです。

次の例は、成田市議会で一般会計予算案に付され、本会議でも可決された附帯決議です。執行機関が当該事業予算を執行する際に留意すべき点を列挙しています。

■議案第30号「平成26年度成田市一般会計予算」に対する附帯決議

本予算中の、医療系大学誘致事業についての予算執行に当たっては、下記の点に十分留意し、適切に措置を講じること。

記
1. 大学整備は成田市の予てからの悲願であり、当該事業により医療従事者不足の解消をはじめ地域医療の諸問題の解決や地域活性化などに大きな期待を寄せるものである。ついては、その目的を達成するために大学、市、議会、そして市民と連携した体制づくりに積極的に取り組み、その役割を果たすこと。
2. 当該事業予算の執行に当たっては、一般質問や委員会で数多くの問

題点が指摘されている。この間の市民説明会においても、市民の理解は十分とは言えない。その原因は、成田市百年の大計というにはあまりにも性急すぎる進め方にある。したがって、議会・市民・そして地元医療関係者に対する十分な説明を果たすこと。
3．予算執行後においても議会から説明要請があった時には適宜、大学側の出席を要請すること。
以上、決議する。
平成26年3月20日

千葉県成田市議会

もう1つの決議の活用法

　決議と似て非なるものとして意見書があることはすでに述べました。
　繰り返しますが、意見書は、自治法99条にその根拠があり、当該地方公共団体の公益に関する事件につき、国会又は関係行政庁に提出することができるものです。
　この意見書の提出先の「関係行政庁」に「長」は含まれるのでしょうか。結論としては、自治法は長への意見書提出を想定していません。
　それは、議会が監視機能、政策立案機能という意見書提出よりも直接的で強い権限をもっているからです。
　しかし、議会が機関意思決定として長に意見、要望を伝えることが有効だと考える局面はあるでしょう。
　そんなときには、決議を活用することを考えてもよいと思うのです。
　議会の機関意思決定となれば、長は「尊重すべきもの」と捉えることが期待できます。議会と長の関係の根本には政治があります。事実上の決議がもつ、法的効果を伴わないというマイルドさが「ちょうどいい」という場面はあるはずです。
　次の例は、東京都議会で可決された決議です。名宛人は「都」（水道局）となっています。

■工業用水道料金の減免措置に関する決議

　東京都議会は、平成9年3月、工業用水道料金の改定に際し、長期化する景気の低迷を踏まえ、中小零細企業が多い用水型皮革関連企業に対して、特別の減免措置を講ずるべきとの付帯決議を行った。

　その後、都議会では、東京の地域経済や都民生活の状況を考慮し、減免措置の継続を求める決議を行ってきた。

　これを受けて、都は、工業用水道料金の減免措置を実施しているが、本年3月末日をもってその実施期間が終了する。

　しかし、都内の景気は、緩やかに回復しているとされるものの、用水型皮革関連企業は依然として不況業種に指定されるなど、これを取り巻く環境は、今なお厳しい状況にある。

　よって、東京都議会は、用水型皮革関連企業に係る工業用水道料金について、減収分に適切な措置を行った上、平成26年4月以降も、引き続き減免措置を継続するよう強く求めるものである。

　以上、決議する。
　平成26年3月28日

　　　　　　　　　　　　　　　　　　　　　　　　　東京都議会

第 4 章

調査・庶務のポイント

4-1 ◎…調査という仕事

▶▶ 議会事務局が行う調査とは

　議会事務局が行う調査とは、どのようなものでしょうか。
　議会活動の補佐という議会事務局の任務から考えると、議会における政策立案の手助けとなるような資料の収集、分析あるいは作成を行うことといえます。
　つまり、ただ単に情報をまとめるだけではなく、一定の目的に沿ったデータを取捨選択して1つの形にすることが求められるのです。

①調査の端緒

　議会事務局が行う調査には、大きく分けて2つの契機があります。
　1つは、議員や会派からの依頼に基づく場合で、オーダーに応じて、自治体内外の状況などについて調査を行うものです。このケースは、一般的に、議員による質疑や質問の材料として、今後取り組むべき事務事業の内容や他の自治体の実例などを調査するもので、傾向としては、現在当該自治体で懸案となっている事項や、報道などで話題となっている事項が多いといえます。
　もう1つは、議会事務局が独自に調査を行うケースです。このケースでは、議事運営上問題となっている、あるいは問題となり得る事態の処理方法や、議会の内部組織に関することなど、議会事務局が直面する事柄を対象とする場合が多くなってきます。

②調査の方法

　当該自治体の施策や現状など、執行機関の事務事業に関する事項であ

れば、これを所管する部署に直接資料の提供を依頼するのが通常の調査の方法です。また、比較のため他の自治体の情報を集める場合には、調査対象となる自治体の議会事務局に文書で照会する方法が一般的にとられています。比較の対象としては、通常、近隣自治体や類似団体など、人口規模や立地条件などで共通点がある自治体とします。緊急の場合や照会内容が簡易である場合は、電話による照会も行われます。

なお、他の自治体から照会を受けた調査事項については、参考のため集計結果を調査対象自治体に送付するといったこともなされています。

▶▶ 調査の依頼を受けたら

事務事業の運営の仕方は自治体によりさまざまです。特に、他の自治体と比較する調査の場合、さまざまな回答があり得ることを念頭に置いて仕事を進める必要があります。また、質問の構成や文章表現によっては、回答同士を比較しづらくなったり、目的にかなった資料が作成できなかったりするおそれもありますので、この点にも気を配りましょう。

①調査依頼の内容を十分に把握する

調査の依頼を受けたら、依頼者である議員などの話を聴き、調査項目が目的達成にとって必要十分であるかをよく吟味しましょう。前提となる条件や比較するポイントについても、必要に応じて議会事務局から提案する場面が出てくることがあります。

こういうシーンでは「その話、聞いたことがあります」など、日頃の情報収集が活きることも少なくありません。ただ依頼に対して「わかりました」と言うのではなく、依頼者が意図する目的に即して調査項目を詰めていくという作業をすること、ここでその調査の質の大半が決まるといってもいいでしょう。

②スケジュールに見合った調査内容を組み立てる

依頼者に対してすぐに回答が必要な場合と、ある程度時間がある場合とでは、調査の方法もおのずと違ってきます。早急に結果を出す必要が

あるときは、照会する質問の数や質問文の簡潔、明瞭さもさることながら、意図する目的に見合う限りで、集まった回答を取りまとめる作業も効率的に行えるよう配慮するのがよいでしょう。

　例えば、記述式よりも選択式のほうが集計は簡単に行えますが、想定し得る回答内容が選択肢の中にひととおり表現されていないと、相手は回答するのに戸惑ったりするかもしれません。選択肢を作る際は注意が必要です。

③用語の意味や使い方に留意する

　例えば、「こども」や「高齢者」という言葉は、あてはまる年齢に幅があります。あるいは、「傍聴者による写真撮影の可否」という問いかけでも、傍聴の対象が本会議なのか、委員会、あるいは全員協議会や会派代表者会議を含むのかなど、用語そのものの意味や使い方にブレ（＝疑義が生じる余地）があると、比較検討に支障が生じるおそれがありますし、回答する側にも迷いを生じさせてしまいます。どの場面での話なのかということを、できる限りきっちりと詰めていく必要があります。

　なお、他の自治体に照会する際、自らの自治体の所管部署に作成した調査票の出来をみてもらうことがあります。ただし、調査がまとまったら結果を欲しいと所管部署から言われることもあるので、このあたりを含めた処理も依頼者の議員に事前確認しておくとよいでしょう。

④まず「あたり」をつけてみる

　いきなり他の自治体に照会する前に、まず下調べをして「あたり」をつけておくとよいでしょう。各自治体の大まかな情報はインターネットで閲覧できますから、あらかじめ各自治体のホームページをみておきましょう。いくつか調べていくと、当初予想していなかったようなやり方を発見して、調査項目の見直しを迫られることもあります。

　また、当該調査の目的とは少しそれますが、インターネットでの下調べは、各自治体の情報公開の程度や考え方の一端を知る契機にもなります。特に議会関係のサイトをみていると、自分たちが担う広報関係の業務のヒントを発見するかもしれません。こうした地味な作業を面倒がら

ずにやってみると、それなりに思わぬ収穫があったりするものです。

⑤調査結果はペラ１枚で

　調査結果の資料は、要点を簡潔に示すことが肝要です。相互に比較する場合は表やグラフを用いることも有効です。

　注意すべきは、調査者の主観をできる限り排除すること。例えば、「45％」という比率も、「半数に満たない」と「ほぼ半数に達する」とではニュアンスがかなり違ってきます。議会事務局職員としては、調査の結果判明した事実を客観的に伝えるというスタンスを忘れないようにしましょう。

⑥依頼者には結果、自分には過程が宝

　実際には、調査の進め方は案件によりさまざまな形をとることが考えられます。実務を積み重ねることで、次の調査に取り組むための糧が増え、スキルが上がっていきます。

　どんなに素晴らしい調査結果がまとまったとしても、調査の結果得られた情報に基づく資料は、あくまでその時点での状況にすぎませんから、そのうち古くなっていきます。しかし、結果の集計資料の作成からさかのぼって、調査票などの質問の作り方、調査対象自治体の選定など、調査の過程で得た経験は、議会事務局の「調査人」として、もっといえば、仕事に携わる人の「感覚」として結晶化し、何ものにも代えがたい財産となるでしょう。

4-2 資料の提出要求

▶▶ 調査権の法的根拠

　議会は執行機関による行政事務の執行に対し、二元代表制に基づくチェック機能を果たしていく立場にあります。しかし、議会と執行機関とでは、行政事務に関する情報量が圧倒的に違います。議員と議会事務局の人数を合わせても、執行機関の人数の1％にも満たない、という自治体がほとんどでしょう。各分野で複雑化・専門化が進む近年の行政事務において、この差はとてつもなく大きいものといえます。

　議会は自らの力で、執行機関の事務が適正に執行されているか、制度に矛盾や欠陥はないかといったことを、質疑や質問などを通じて明らかにしていかなければなりません。そのためには、執行機関に対して制度の内容や事務の執行状況といった情報の提供を求めることも必要となります。

　議会からの資料の提出要求は、こうした自治体の事務を調査するための主な手段として、調査権の行使態様の1つと考えられます。

①議会と委員会の調査権

　議会には、執行機関に対するチェック機能を果たすため、自治法上、当該自治体の事務に関する調査権が認められています（100条1項）。

　この「100条調査権」は、関係人の出頭や証言、あるいは記録の提出を請求することを含む権限で、従わない場合は罰則による制裁も伴うものです。このような強制力をもつ100条調査権が議会には与えられているわけですが、議会は合議体の機関ですから、調査権を行使するには議決が必要となります。

また、委員会は、その所管する部門（委員会条例に規定されています）に属する当該自治体の事務に関する調査権が認められています（自治法109条2項）。委員会の役割は、本会議からの付託を受け、議案や請願を十分に審議することですから、そのための固有の権限として、調査権が法律上定められているのです。

　この委員会の調査権は、議会の100条調査権のような強制力はありませんが、委員会が主体的に行使する固有の権限ですから、その発動には委員会の議決を要します。したがって、委員会の委員の自由意思だけで調査権を行使することはできません。

　例えば、委員会の開会中に、ある出席委員から「調査のため○○課に資料の提出を求める」旨の発言があった場合、委員長は資料の提出を求めることについて採決を行い、可決されれば委員会として資料の提出を所管部署に求めることになります。

②議員の「調査権」

　では、議員個人（会派を含む）の調査権はどうでしょうか。

　自治法は、議会及び委員会については調査権を規定していますが、一方で、議員個人（会派を含む）の調査権については何らの規定も置いていません。執行機関で仕事をしてきた人にとって、これは意外かもしれません。多くの自治体で、執行機関側は議員個人の求めに応じて資料を提出していますし、中には要求の内容が膨大で、提出する資料を取り揃えるのに四苦八苦した経験がある人もいるでしょう。しかし、自治法は、議員の調査権というものは定めていないのです。

③「資料提出要求権」明確化の試み

　自治体の中には、議会側からの資料の要求について、より明確に根拠づけようとする動きもあります。

　例えば、さいたま市議会基本条例24条は、議会は「市の政策及び市長等の事務に係る監視及び調査を行うため」（1項）、あるいは「自らの政策決定・形成に資するため」（2項）、市長等に対し「資料の提出、説明その他必要な協力を求めることができる」としているほか、南アルプ

ス市議会委員会条例24条は「委員会は、関係機関に対し、審査又は調査のため資料又は記録の提出を求める場合、議決により求めることができる」と規定しています。

こうした規定は、条例という手段によって、自治法が「調査」と簡潔に規定している内容の具体化に一歩踏み込んで法的根拠を与えることで、執行機関と議会との間の情報の偏在を是正して議会の活発化を図る1つの試みといえるでしょう。

▶▶ 議員から資料の提出要求の依頼を受けたら

議員からの資料の提出要求については、いくつかの場面が考えられます。このうち、本会議で議員が執行機関に対して資料の提出を要求する場合は、公開の会議の場でなされるため、実際上は執行機関としては断りにくいものです。また、委員会で委員個人から資料の提出が要求された場合は、前述のように、その是非を委員会が採決により判断します。

これらの場合以外、つまり、本会議や委員会以外の場面で、議員から執行機関に対して資料の提出要求の依頼や相談を受けることがあります。議会事務局職員としては、当然のことながら、補佐機能としての役割を発揮して、求める資料が議員の手許に届くという結果を求められます。

しかし、その前に、「議員の調査権には法的根拠がない＝執行機関からの回答は任意である」ことを改めて認識しておく必要があります。つまり、執行機関が任意で応じてくれない限り、議員の手許に資料は届かないわけです。

執行機関が断りたくなる依頼とはどんなものでしょうか。材料を揃えるのに時間がかかるとか、新たに作成しなければならない、といったものだったら、執行機関もなかなか快くは応じてくれないでしょう。

こうしたことを考えると、議会事務局職員には、議員側だけでなく、執行機関側への配慮も求められます。執行機関側の事情を斟酌しつつ、議員が満足する内容を確保するところに、議会事務局職員としての「塩梅」が必要とされるのです。

①まず議員と相談する

　議員から資料の提出要求に関する依頼を受けるとき、例えば、紙に書いたものを渡されて「これよろしくね」「わかりました」で終わっていませんか？

　求める内容を明確にするには、依頼者の意向を聴き取るのがいちばんです。話をする中で、その議員が意図する目的が聞き出せたら、議会事務局側も「それであれば、AよりもBという項目を出してもらうほうがよいと思います」という提案もできますし、提案すべきです。

　事業実績や予算の執行状況など、経年推移をみるということなら、あまり長い期間のデータを並べても、労力の割にあまり意味がないことがありますし、文書保存期間を徒過していたら、データの入手自体困難かもしれません。公債権の消滅時効が5年（自治法236条）というのも、何年のスパンで資料を求めるかの目安になり得ます。

　「いつまでに欲しいのか」も、資料提出要求の大事な要素です。時間的余裕によっては資料のボリュームを制御する必要があるからです。

　内容の明確化は依頼者の満足度を高めるだけでなく、依頼される側にとっても資料提出のメドが立ちやすくなります。結果として、勘どころを押さえた資料が迅速に出てくるという可能性を高めることになるのです。

②執行機関の負担にも配慮する

　議員からの資料の提出要求は、執行機関からみれば「余計な仕事」に映ります。執行機関としては、要求された内容は、できれば触れられたくないところかもしれません。資料の提出要求への対応は任意ですから、ともすれば断られる可能性もあります。執行機関に断られてしまっては、議会事務局にとって元も子もありません。

　資料の提出を執行機関に納得してもらうには、「提出はあくまで任意である」という前提をまず理解してもらった上で、議員に提出できない部分があれば、その理由を考えてもらいましょう。「公文書公開制度上で非公開文書に該当する」「個人情報を含む」「文書保存期間を徒過している」といったような理由が考えられます。

また、「余計な仕事」感を軽減するため、「ありもの」の資料があればそれを提出すれば済む、ということも理解してもらいましょう。これは議員と相談する段階でも大いに考慮すべき部分です。こういう項目なら執行機関に「ありもの」がありそうだと思ったら、「ありもの」の項目で所期の目的が十分達成できるかどうかを考えましょう。改めて資料を作成する手間が省ければ、執行機関にとって負担の軽減となるだけでなく、要求する議員にとっても、提出の迅速性に資するという点でプラスにはたらくことになるのです。

　もう1つ、執行機関と交渉する際に必要なのは、議員に提出する資料について、所管部長などの上層部の了解を得ておいてもらうことです。議員はもらった資料に基づいて自らの政策を調え、これを質疑・質問という形で執行機関にぶつけていきます。つまり、提出した資料の内容は、場合によっては今後の議会答弁などに影響を与える可能性があります。こういう可能性について、執行機関にしっかり認識してもらうということもまた、議会事務局職員の「腕」の見せどころなのです。

③議会事務局にも1部もらっておく

　議員個人からの資料の提出要求への対応は、あくまでその議員に対する任意のものですから、それで済みといえば済みです。

　しかし、その後で別の議員から同様の資料の提出要求がないとも限りません。「○○に関する資料を××課から入手した」という話が議員同士で話題になれば、自分も欲しいという人も出てくる可能性があります。執行機関に再度の負担を強いることを避ける意味でも、執行機関が提出する資料の写しを1部、議会事務局にも備えておくべきです。資料の写しを議会図書室に配架して他の議員にも閲覧できるようにするのも1つの方法です。

　こうした備えは別の意味でも必要性があるといえます。

　例えば、ある議員からの資料の提出要求に対し、議会事務局を通じて執行機関の所管課が当該資料一式を提出したとします。その後、別の議員から、時間差で同じ資料一式の提出要求があった場合、所管課が前回の資料と全く同じものを過不足なく揃えられるか、という問題が出てき

ます。資料を提出する側の所管課としても、どんな資料を提出したかについては当然記録しておかなければなりませんが、日々忙しく事務を執行している所管課で、渡すべき資料が抜け落ちてしまった、といったことが起こらないとも限りません。この点、議会事務局が資料の写しをもっていれば、同じオーダーなのに出てくるものが違うといった無用なトラブルを避けることができます。

④次の展開を予想してみる

　議員からの資料の提出要求のあった事項は、その議員がもっている問題意識そのものです。執行機関に依頼する前に行う議員との相談や聴き取りの過程で、議会事務局職員はそのことを明確に知ることになるはずです。議会事務局職員としては、ここで次の展開について考え、備えておくことができます。

　例えば、その議員から、「比較のため、近隣の自治体における同様の制度の執行状況を調査してほしい」と依頼されるであろうことは想像できる範囲内といえるでしょう。また、資料要求した事項について、過去に一般質問を行った議員がいるか、いる場合にはどんな内容だったのか、といったことを聞かれる可能性も考えられるところです。

　もちろん、こうした「予想されること」は、実際に依頼が来てから取りかかれば十分で、先回りして何もかも思いつくことを調べて待っておく必要はありません。ただ、ひととおりの「予想」をすることは、是非やっておきたいことだと思います。

　次の展開を予想することは、議会事務局職員にとって必要な力であり、「備え」の糸口として自らを助けてくれる力でもあります。こうした訓練を実務の中で積み重ねることで、議会事務局職員としての「反応する力」あるいは「備える力」が少しずつ身についていきます。

43 ◎…委員会視察の随行

▶▶ 視察の意義

　議会の会期以外の時期、ほとんどの自治体では、委員会の行政視察が行われます。議会が開かれる時期はほとんどの自治体で同じようなタイミングとなっていますから、行政視察の時期もだいたい似通ってきます。

①視察の目的

　行政視察の目的は、平たくいえば他の自治体の「いいところ」を見習いに行くことです。
　ただ単に珍しいことに取り組んでいるというよりは、自身の自治体で事業化を考えていること、あるいは直面している課題などについて、先進的な取組みを行っていたり、一定以上の事業効果を挙げている自治体を取材して、自らの施策に役立てるのがねらいです。

②視察の法的根拠

　議会の議員が行う視察は、行政視察と政務活動としての視察に大別されます。前者の典型が委員会視察、後者は会派視察ですが、両者にはおおむね次のような違いがあります。
　行政視察の根拠は、自治法100条13項に求めることができます。同項は「議会は、議案の審査又は当該普通地方公共団体の事務に関する調査のためその他議会において必要があると認めるときは、会議規則の定めるところにより、議員を派遣することができる」と規定しています。議会の調査権の1つの形です。これを受けて、標準会議規則には、議会

の議決（緊急の場合は議長の決定）で議員の派遣を行う旨の規定が置かれています（都道府県会規129条、市会規167条、町村会規129条）。このように、行政視察は議会の意思決定に基づいて行われますから、その経費は議会費として予算化されています。

他方、政務活動としての視察は、自治法100条14項にある「調査研究その他の活動」として行われます。財源はもちろん政務活動費です。

③委員会視察

委員会視察の法的根拠としてはもう1つ、自治法109条2項があります。委員会には委員会条例に定めるそれぞれの所管事項（常任委員会、議会運営委員会）あるいは議会の議決により付議された事件（特別委員会）に関する調査権があり、これに基づいて視察を行います。

委員会視察には通常、議会事務局職員が随行します。その他、視察事項を所管する執行機関（部長、課長など）が同行する場合もあります。日程としては2泊3日が定番というところです。

▶▶ 委員会視察の流れ

それでは、委員会視察の一般的な流れをみてみましょう。

随行者としては、議員、それに加えて執行機関の同行者が部長であったりと「えらい人」に囲まれてエライことだと言うなかれ。多くのイベントと同様、視察の随行も事前の段取りがしっかりしていればスムーズに進めることができます。

①まずはフレームづくり

最初に取りかかるのは、日程、視察先、それと調査事項の検討です。

まず日程は、各委員の都合を聞いて決めていきますが、議員は行事参加などですぐに予定が入ってしまいますから、なるべく早めにアプローチして、取り急ぎ日程だけでも先に押さえるのがよいでしょう。

次に、調査事項と視察先です。調査事項は視察の目的そのものですから、正副委員長と相談して意向を聞いたり、「○○に関する事業で一定

の効果を挙げているところ」などといったオーダーに基づいて議会事務局でリサーチするなど、しっかりした候補地を提案しましょう。

　年度当初に類似団体に新規事業や主要事業の調査をかけて情報収集する例もみられます。日程の定番は2泊3日、したがって複数の自治体を回ることになりますし、希望する自治体すべてが視察を受け入れてくれるとは限りません。調査事項と視察先はセットで、腹案も用意しておきます。もちろん、移動のことも考えて、無理のない候補地選びを心がけましょう。

②視察先とのやりとり

　フレームの案がまとまったら、視察を希望する自治体の議会事務局に電話で申込みをします。最近は視察にシティセールスの考え方が取り入れられるようになり、ホームページで視察の申込み手続や受入れ実績などを掲載している自治体もあります。

　視察を申し込むときは、①希望日時、②調査事項、③こちらの委員会の名称、④予定人数は必須項目です。特に②の調査事項については、当初の経緯、内容、予算、現況、効果、課題、今後の展開など、視察の目的と具体的な内容をできるだけ伝えられるとよいでしょう。

　すでに先約や予定があるなど、相手先から受入れの承諾を得られないこともあります。移動のことも考えた上で、断られた際の次点候補地もいくつか考えておきましょう。

③当日に向けた準備

　すべての候補地から視察受入れの承諾が得られたら、行程の詳細をコーディネートしていきます。

　フレームづくりのところで検討した移動手段や宿泊地について、具体的に交通機関のチケットやホテルの手配、食事場所のリサーチなどを進めます。具体的なルートが固まったら、とりまとめて行程表を作成します。団体行動ですから、乗り換え等の時間には十分余裕をもたせておくのがコツです。

　並行して、派遣承認の手続も進めていき、決裁が下りたら視察先自治

体の議会事務局に議長名の依頼文書や参加者の名簿、行程表を送付します。その他、視察先の自治体あるいは議会に関する情報や視察事項に関する資料の作成、会計処理などを行います。

④いよいよ出発

視察当日、随行する職員は集合場所には時間より早く到着しておき、参加者全員の出欠を確認します。視察中は決まった時間に集合する機会が何度かありますから、出欠確認用のコンパクトな名簿をあらかじめ用意しておくとスムーズです。

移動時は、何といっても乗り遅れに要注意です。随行者が複数いる場合は集団の前後に分かれ、お互いの位置を確認しながら進みましょう。

視察先に着いたら、随行職員はまず相手の議会事務局の職員に「よろしくお願いします」とあいさつをして、お互いの代表者あいさつなどの段取りをつけておきます。会場に案内されたら、名刺交換は委員長から進めてもらいます。

視察の進め方は、各自治体でローカルルールがあります。全体の進行役はどちらが務める、説明後の質疑は誰が取り仕切る、終了後に副委員長からお礼のあいさつをする、などです。できれば事前に相手方と詰めておき、当日はその確認だけするといった対応がスマートです。

視察事項の説明あるいは質疑の時間は、委員の活躍の場です。この時間、随行職員としては視察後の段取りの確認や、報告書に添付する視察の様子の写真を撮影したりします。今のうちに、相手方説明者の氏名、役職といった情報の整理をしておくのもよいでしょう。

説明や質疑が終わったら、次の予定に向けて視察地を後にしますが、随行職員としては相手の議会事務局職員としっかり知己を得ておきましょう。ローカルルールの違いはあれ、おおむね同じような仕事をして、同じような悩みを抱える議会事務局職員は、いわば「同じメーカーの釜の飯」を食べる仲です。いつかまた、調査、質問や相談などのやりとりがあるかもしれません。これが人脈となり、自分の糧となるのです。

⑤視察後の事務処理

　無事行程を終え帰還したら、視察先へのお礼状の送付、復命の手続、旅費の精算や議長への報告書の提出といった事務処理を済ませて、視察の随行は終わりです。

▶▶ 随行の心得

　委員会視察の随行はおおむね以上のような流れで進められます。
　一口に視察といってもいろいろなパターンがありますが、事をうまく運ぶために必要な「根っこ」となる部分は共通しているはずです。ここでは、その「根っこ」をまとめてみましょう。

①候補地の情報をつかんでおく

　当たり前のことですが、視察先に関する情報・知識はひととおり把握しておきましょう。人口、予算規模、議員定数など当該自治体の基本スペックはもとより、交通アクセスから名所・名物まで、要はその候補地に関する話のネタをストックするということです。視察先を決める段階から当日の移動中など、委員とのやりとりの中でこうした情報は活かされ、議会事務局への信頼醸成にも貢献することになるでしょう。

②先読みは余裕を生む、余裕は成功を生む

　視察中、随行者は「次の次」の予定のことを考えて行動しましょう。予定外の状況となったとき、辻褄を合わせられるのは次ではなくその次の予定であることが往々にしてあります。逆にいえば、次の次の予定を考えていれば今予定外の状況になってもそれほど驚かずに済みます。この気持ちの余裕が、視察全体の成功へとつながります。

③引率のイロハを押さえよう

　団体旅行の添乗者を思い浮かべてください。視察先やホテル、食事場所への道順、駅や空港等の案内図などは頭に入れて誘導するほか、交通機関の乗降時など移動前後での人数確認、それと時間の管理、このあた

りは基本です。施設内のエレベーターやトイレなどの場所のチェック、集合時の待ち合わせ場所選びなども、スムーズな移動に一役買います。

　くれぐれも、随行がいながら道に迷ったり、列車に乗り遅れたりすることのないように。

④迷ったときは「委員長」

　準備段階にしても視察当日にしても、選択肢が生じたり迷ったときは、委員長に相談して判断を仰ぎましょう。

　視察のボスは委員長です。委員長判断とするのは、議会事務局としては当然の行動といえます。

⑤受け入れてくれた相手に感謝の心

　前にも少し触れましたが、実際上、宿泊を伴う委員会視察で所管事務に関する複数の調査事項を一定の範囲の地域内にまとめるのはなかなか困難な作業です。相手方の都合にも左右されます。そんな中で視察が成立、それは、快く受け入れてくれた相手方自治体のおかげなのです。

4-4 ◎…行政視察の受入れ

▶▶ 依頼を受けてから当日を迎えるまで

　前項では、視察の随行について述べました。ここでは逆に、行政視察受入れの一般的な流れを概観するとともに、各場面でのポイントを考えていきます。

　各議会には、視察の受入れについてのローカルルールがあると思います。いわゆる慣習です。初任者はその慣習に従い、職務を全うする形になると思いますが、それを漫然とではなく、意識をもって行うことによって、1つの行政視察受入れが先方にとっても、自らにとってもより実りある、そして心地よいものになるのです。

　行政視察には、委員会によるものと会派によるものがあります。

　ここでは、委員会の行政視察受入れを時系列で説明していきます。委員会の行政視察と会派の行政視察の相違は、一般に、先方の議会事務局職員の随行の有無です。会派の行政視察は、多くの場合が政務活動費による会派の調査研究活動ですので、職員は随行しないのが通常です。

①行政視察の依頼を受けたら

　依頼は、先方の議会事務局職員からの電話によることが普通です。
　ここで聞き取るのは、次の4項目です。
　①希望日時　②調査事項　③委員会の名称　④予定人数
　①の希望日時と②の調査事項をもって、執行機関の所管課に対して受入れ可能かどうかを確認します。また、④の予定人数は、一行を収容できる会議室等を確保できるか確認するために必須です。また、施設等の現地視察の場合には、当該施設の管理者にも受入れの可否を確認する必

要があります。

　先方からの聞き取りは以上の４項目ですが、所管課への確認のほか、希望日時における議会事務局としての体制も確認しなければなりません。受入れに人員を割くことができるかどうかです。

　そのためには、定例会以外の議会日程に日頃から敏感であることが必要です。これは個人というよりも議会事務局全体として情報共有ができているかどうかという問題にも繋がります。このあたり、組織が大きくなればなるほど「できていそうで、できていない」ことです。

　先方の希望日が受入れ体制を敷くことができない日に当たっている場合、依頼の電話を受けた時点で、その旨を伝えるのがベストな対応です。先方としては、視察を成立させるため、急ぎ、次の候補地を探さなければなりません。

②受入れが決まったら

　「所管課よし・事務局よし」となったら直ちに先方に電話連絡し、「受入れ可能」を伝えます。

　この電話で「事前に具体的な質問事項をお送りいただけませんか」とお願いするとよいでしょう。

　質問事項を事前にもらうことができれば、所管課はそれに沿った資料を準備することができますし、先方も「聞きたいことが聞ける」のです。質問事項を事前にもらうことは、双方の満足度を高めるポイントです。とりわけ所管課は、何を準備すればいいのかわからない状況を嫌います。これは当然のことです。よって、「事前に質問事項をいただく」、これは大変重要です。

　ここから先、当日までの間は、依頼文書の収受、所管課への依頼文書送付、送迎等に使う車両の確保、待ち合わせの時間・場所のやりとり、食事場所の事前紹介、歓迎のあいさつの調整……等々、各議会のローカルルールに基づくルーティンワークとなります。

▶▶ 受入れ当日

　前日までに準備を終え、当日の出迎えまでの時間は最終確認です。
　まず、会場の設営に抜かりはないか、人数の再確認が必要です。人数が増えたことを失念し、机上に配付する資料が足りない、これは絶対に避けなければなりません。
　そして、先方から送付を受けた行程表から、最寄り駅などの待ち合わせ場所への到着予定時間を改めて確認します。
　さらに、一行の議員の皆さんの顔写真をホームページで確認します。特に委員会の場合、委員長の名前と顔は完全にインプットしてください。
　場合によっては、印刷して出迎えの際に持参してください。
　また、一行の中に議長あるいは議長経験者、その他当選回数の多い、いわゆる「大物議員」が参加しているかどうか、この手の情報はもっていて損はありません。委員会の行政視察のリーダーはあくまでも委員長ですが、委員会は議会の縮図でもあり、一行の勢力図を少し頭に入れておくと役立つことがあります。

①さあ、お出迎えです

　出迎えについては、各議会で慣習があると思います。最寄り駅に車で迎えに行く、車ではないものの最寄り駅に議会事務局職員が迎えに行く、庁舎まで直接お越しいただき、庁舎正面玄関でお迎えするなどです。
　いずれにしても、待ち合わせの場所に10分前には着いておきたいところです。最寄り駅への到着が新幹線などの指定席のある特急ならば別ですが、普通列車の場合、1、2本早い列車での到着があり得ますし、タクシーやバスなどでの来訪なら当然道路事情に左右されるからです。このあたり、読みと経験を駆使してタイミングをうまくつかみましょう。
　さて、最寄り駅であれ、庁舎であれ、どこで待ち合わせたとしても最初の接触の場面は共通しています。それは先方が「旅スタイル」である

ということ。行政視察は2泊3日が定番です。スーツケース、ボストンバッグなど多くの荷物をもっている状態です。

ここで、受入れ側の議会事務局職員は、「議会事務局の○○です。本日の案内役を務めます。よろしくお願いいたします！」と一行全員に向けて宣言します。ここではこちらからは名刺を出さないほうが賢明です。何しろ、先方は旅スタイルですから、荷物を置いて名刺を出させるような負担をかけることは避けるべきです。

そして、委員長と随行職員に接触することは必須です。委員長は一行のリーダーですから「○○委員長、よろしくお願いします」と一言。ここで、委員長の名前と顔をホームページで確認しておいた準備行為が活きるのです。随行職員の方には「お疲れ様です」と声をかけます。これから始まる「イベント」をいかに円滑に進めるかの入口部分です。この両者への個別あいさつは、いわば社会人としての常識です。

②会場に入ったら

一行を先導して会場に到着。ここでいったん、落ち着きます。開会前に、トイレなどを済ませていただく時間帯です。

この場面で、名刺交換をします。委員長及び随行職員と名刺交換をしながら、今日の段取りを確認します。例えば「私どもは議長より歓迎のごあいさつをさせていただきます。その後、委員長からお言葉を頂戴する形でよろしいでしょうか」「それでお願いします。あと、ご説明いただいた後に副委員長から、お礼をさせていただきます」「時間に余裕ができた場合、本会議場をご覧になりますか」といったやりとりです。

③開会から閉会まで

あいさつなどのやりとりを終え、段取りどおり視察をスタートさせたら、ここからは見守りの時間に入ります。と同時に、自分が視察事項について勉強できる時間でもあります。

まず、見守りをするためには「この会場全体をコントロールしているのは自分だ」という意識をもつことです。議員からの質疑に所管課が戸惑っているような場合、スムーズに進行させるには前に出ても差し支

ありません。「委員長、こちらの件につきましては、お調べして、後ほどお答えする形でよろしいでしょうか」など積極的に入っていきましょう。所管課職員にとっては慣れない雰囲気で相手は議員、どうしても遠慮があります。ここで、差配ができるのは受入れ側の議会事務局職員しかいません。

　そして、視察事項についての勉強です。執行機関と議会の情報量の格差を補完する絶好の機会です。

　そのために、所管課から説明資料を1部、議会事務局用としてもらっておくことをおすすめします。それを見ながら、説明を聴き、内容によっては当該資料を議会図書室に収蔵します。

　座学がいい雰囲気で進んでいるとき、所管課は、安堵感とサービス精神から、普段は口にしないような本音を話してくれることがあります。そんな話が聴けたとき、ちょっと得した気分になります。

④お帰りになります

　無事に視察を終え、お帰りになる場面です。

　必ず、どこかで写真を撮られると思いますので、定番の2、3か所をあらかじめ決めておきます。

　撮影場所として適しているのは、何といっても本会議場です。続いて、○○議事堂、○○役所など名称が掲げられている場所。できれば人の出入りが少ないところがよいです。人の出入りが多いところでは、なかなかシャッターチャンスが訪れないからです。

⑤お帰りになった後で

　無事に行政視察の受入れを終えました。

　まずは、所管課にお礼の電話を入れます。所管課が受けてくれなければ、この行政視察は実現しなかったからです。実際、行政視察の受入れは所管課にとっては「余計な仕事」です。シティセールスに貢献したことになるといっても、それを実感するのは難しいことです。次の機会もありますから、忘れずに感謝の気持ちを伝えましょう。

　次に、先方の随行職員宛てにメールを入れておきます。

いわゆる「お疲れ様メール」です。行政視察の随行を終え、一段落したころに読んでいただくものです。レスポンスがあればしめたもの、これが、議会という世界ならではの「待ったなし」の場面で、活きる人脈につながります。このことは双方にとってプラスです。

▶▶ 受入れの際の意識とそこから得られるもの

　視察の受入れ側としては、先方の随行職員の負担をできるだけ軽くすることを心がけるようにしましょう。

　随行職員はさまざまなプレッシャーを抱えて一行を引率しています。

　よって、受入れ側としては、「この時間は一切こちらがお引き受けします。次の段取りを考える、食事場所に連絡を入れるなど、この時間をご自由にお使いください」と言葉に出して伝えて、安心感を与えるようにします。

　議会事務局職員は、受入れ担当となったら、「ちょっと大事なお客様を自宅に迎える感覚」で対応することです。「ちょっと大事な」です。

　あまり大事にしすぎると全体が硬くなり、なんとなく居心地の悪い空間になってしまいます。少しリラックスした、参加者全員にとって極上の空間になるように演出したいものです。

　結果として、極上の空間を経験した随行者は人脈となり、その議会はリピーターとなります。

45 ◎…議会図書室

▶▶ 議会図書室とは

　執行機関から議会事務局に異動してきて、議会図書室の存在に驚いた方も少なくないでしょう。

　施設等の充実度は各議会で千差万別でしょうが、議会図書室という空間があることに驚いたのではないでしょうか。

　執行機関の職員時代には足を踏み入れたことのない空間（議会によっては当該自治体職員も利用できるようになっているところもある）、実は、この議会図書室は、自治法により設置が義務づけられているものなのです。

■地方自治法

第100条　①～⑱　（略）

⑲　議会は、議員の調査研究に資するため、図書室を附置し前2項の規定により送付を受けた官報、公報及び刊行物を保管して置かなければならない。

⑳　前項の図書室は、一般にこれを利用させることができる。

　自治法100条19項の規定には、「議員の調査研究に資するため、図書室を附置し……」とあります。

　つまり、議員は執行機関から情報を得る（もらう）だけでなく、独自の情報入手ルートを確保すべきだということです。

　議会には執行機関を監視する役割がありますから、その議会が執行機

関からの情報だけを頼りにしていては、十分な監視機能を働かせることは難しい、これは道理です。

なぜなら、二元代表制の相手方である執行機関が自ら進んで「負の情報」を議会に提供してくれるとは限らないからです。

さらに、議会の政策立案機能の強化・充実が叫ばれている昨今では、議会図書室は議員のための情報の宝庫として期待されているのです。

▶▶ 議会図書室の複写サービスと一般開放の法律論

議会図書室をめぐる法的な問題は、ズバリ書籍の複写の問題、著作権法との関係です。実はこの複写の問題は、自治法100条20項にある議会図書室の一般開放と密接に関係しているのです。

■著作権法
（図書館等における複製等）
第31条　国立国会図書館及び図書、記録その他の資料を公衆の利用に供することを目的とする図書館その他の施設で政令で定めるもの（以下この項及び第3項において「図書館等」という。）においては、次に掲げる場合には、その営利を目的としない事業として、図書館等の図書、記録その他の資料（以下この条において「図書館資料」という。）を用いて著作物を複製することができる。
一　図書館等の利用者の求めに応じ、その調査研究の用に供するために、公表された著作物の一部分（発行後相当期間を経過した定期刊行物に掲載された個々の著作物にあつては、その全部。第3項において同じ。）の複製物を1人につき1部提供する場合
二～三　（略）
2～3　（略）

■著作権法施行令
（図書館資料の複製が認められる図書館等）
第1条の3　法第31条第1項（法第86条第1項及び第102条第1項において準用する場合を含む。）の政令で定める図書館その他の施設

は、次に掲げる施設で図書館法（昭和25年法律第108号）第4条第1項の司書又はこれに相当する職員として文部科学省令で定める職員（以下「司書等」という。）が置かれているものとする。
一　図書館法第2条第1項の図書館
二　学校教育法（昭和22年法律第26号）第1条の大学又は高等専門学校（以下「大学等」という。）に設置された図書館及びこれに類する施設
三　大学等における教育に類する教育を行う教育機関で当該教育を行うにつき学校教育法以外の法律に特別の規定があるものに設置された図書館
四　図書、記録その他著作物の原作品又は複製物を収集し、整理し、保存して一般公衆の利用に供する業務を主として行う施設で法令の規定によつて設置されたもの
五　学術の研究を目的とする研究所、試験所その他の施設で法令の規定によつて設置されたもののうち、その保存する図書、記録その他の資料を一般公衆の利用に供する業務を行うもの
六　前各号に掲げるもののほか、国、地方公共団体又は一般社団法人若しくは一般財団法人その他の営利を目的としない法人（次条から第3条までにおいて「一般社団法人等」という。）が設置する施設で前2号に掲げる施設と同種のもののうち、文化庁長官が指定するもの
2　（略）

　図書館等の著作物の複製、いわゆる複写サービスに関する規定として、著作権法31条及び同法施行令1条の3があります。端的にいえば、法施行令1条の3柱書にある2つの要件をクリアして初めて議会図書室の蔵書の複写が可能となるのです。
　要件の1つ目は、法施行令1条の3第1項4号の規定です。
　議会図書室の設置目的は、自治法100条19項が「議員の調査研究に資するため」としています。したがって、このままでは、法施行令1条の3第1項4号の「一般公衆の利用に供する業務を主として行う施設」とはいえません。そこで、議会図書室を設置する例規の中で、議会図書室を「一般公衆の利用に供する業務を主として行う施設」と位置づけま

す。これにより、議会図書室にも著作権法31条が適用され、複写サービスができる図書館となれるのです。

そうすると当然、議会図書室には一般公衆が利用できることが求められます。ここで、自治法100条20項の規定による、いわゆる一般開放への途をたどることになるのです。

要件の2つ目は、司書等を置くことです。こちらのほうが少しばかりハードルが高そうです。

つまり、議会図書室の蔵書を複写するには、「議会図書室の一般への開放」と「司書等を置く」という一種の政策判断が必要となるのです。

▶▶ 議会図書室の機能充実、その王道と邪道？

さて、議会図書室の法律論の次は、現実論です。議会図書室の蔵書数やレファレンス機能の現状はご存知のとおりです。

「ご存知のとおり」とは、自治法の立法趣旨にかなった議会図書室ばかりではないということです。

まず、予算について厳しい現実があります。議会図書室の蔵書の充実に欠かせない「先立つもの」が十分に確保できないという昨今の事情です。議会図書室でかつて幅を占めていた加除式の法令集や官報などを更新する予算すら削られている議会もあると聞きます。

さらに、議会図書室が情報の宝庫として機能できない決定的なことがあります。それは、司書がいないことです。蔵書については、選書基準、レファレンス機能については、スキル、いずれにしても議会図書室がその立法趣旨にかなうものになるためには、「司書」の存在が不可欠なのです。しかし、司書を自前で確保できる議会図書室がどれだけあるでしょうか。本ですら十分に揃えられない議会が少なくない現状です。人の確保など夢のまた夢、といえるかもしれません。

そのような中で、議会図書室の機能充実に向けた工夫がなされています。図書室の要である司書を確保できない中で考えられている、いわば、議会図書室という空間を超えた取組みです。

①司書なき議会図書室の機能充実の取組み　―王道―

　平成25年8月9日、鳥羽市議会は「三重県立図書館及び鳥羽市立図書館と鳥羽市議会図書室との連携開始について」というプレスリリースを行いました。その内容を資料から抜粋します。

> ①　図書の貸し出し…鳥羽市議会で必要かつ鳥羽市議会図書室に無い図書について、三重県立図書館（蔵書数：約84万8千冊）や鳥羽市立図書館（蔵書数：約19万4千冊）が所有する図書の貸し出しを受けることが可能となります。
> ②　レファレンスサービス（調査相談）…鳥羽市議会で必要な資料について、両図書館の司書によるレファレンスサービスを受けることが可能となります。

　鳥羽市議会は、県立図書館及び市立図書館と連携することによって、「図書の充実」と「実質上の司書の配置」を一気に実現させたのです。
　公共図書館との連携、これが議会図書室の環境整備には大変有効な手段であり、王道といえそうです。

②司書なき議会図書室の機能充実の取組み　―邪道？―

　前述の公共図書館との連携の仕組みづくりは、議会サイドのやる気次第で実現可能であり、決してハードルの高いものではないと思います。
　しかし、その効果、つまり実際に議員が利用するかどうかという議論は別に存在します。
　筆者の実務家としての経験から、「議員はとても忙しく、そして、せっかち」です。
　自らじっくり本を読み、調査するタイプよりも「知っている人、知識のある人に聞いてしまいたい」というタイプが多いように感じます。議員は研究職ではありませんから、ある意味、当然です。だからこそ、議員は執行機関から情報を収集するのです。しかし、前述のとおり、「うまくかわされる」「重要論点をはずされる」可能性がないとはいえません。

そこで、議会事務局調査担当職員の出番となるのです。

議会事務局職員は、そもそも行政職員ですから、各分野における必須の知識、そして「旬な事業」とは何かなど、行政に関する「土地勘」があります。よって、調査担当職員が必要と思われる書籍を選書し、それを読み、知識をつけ、議員からの依頼に備えるのです。

議員の求めに応じて、ある事項についての概要説明ができ、さらに議会図書室の書籍を紹介できたとしたら、それが最も効率的な議会図書室の利用形態ではないでしょうか。

議会図書室の書籍を紹介するまでもなく、議員が調査担当職員の説明で十分満足したら、それはそれで、議員が議会図書室を「間接的に利用した」ことになると思うのです。

③機能充実は誰のため？

そもそも議会図書室は、議員のためのものです。その機能の充実について、議会がどう考えるか。まずは、使う立場である議員が、議会図書室は「かくあるべし」とのスタンスをもつことが必要です。

公共図書館との連携は、複写サービスも連携先である図書館に依頼できますから、複写問題の法律論もクリアできます。ただ、そのやりとりに時間がかかるのは、忙しい議員にとっては難点でしょう。仕組みとしての完成度は高くても、使い勝手としては若干の疑問が残ります。その意味では、議会図書室と議員の間に議会事務局調査担当職員が介在する「間接的利用」も、あながち邪道とは言い切れない、それが実務家の現場感覚です。

4|6 ◎…議会だより

▶▶ 議会だよりの発行目的

　全国市議会議長会の調査（平成25年12月31日現在）によれば、全国812市における「議会だより」の発行状況は、741市（91.3％）が議会単独で発行、51市（6.3％）が市広報内に掲載となっています。
　これによれば、議会だよりを発行していない議会は「超」少数派ですが、発行するもしないも各議会の考え方次第です。なぜなら、法律によって議会だよりの発行が義務づけられているわけではないからです。
　よって、各議会は「なぜ、議会だよりを発行するのか」を独自に考え、それぞれに発行目的を設定することになるのです。

①議会だよりを分析する　―宿命的なもの―

　「調べたわけではないけれど、うちの議会だよりは、どうやらあまり読まれていないようだ」。そんな感覚が議会事務局職員の中にあるようです。ならば、それはなぜなのかを考えてみなければなりません。
　筆者の見解では、掲載されていることのほとんどが「終わったこと」だからではないかと思います。記事の内容のほとんどが、もう済んでしまったことなのです。終わったことの報告よりも、これからのことの宣伝に目が向く、それが人間の習性ではないでしょうか。
　このことは、執行機関が発行している広報紙と比較すると明らかです。
　執行機関の広報紙は、「これからのこと」が満載です。新規制度の解説からイベント情報まで、まさに情報紙といった内容です。
　これに対して、議会だよりは、「議会では、こんな議論がなされまし

た」という事後報告によって全体が形作られています。その内容を「存分にお知らせします」というのが、コンセプトとしてはしっくりきます。

　これが議会だよりのもつ本来的な性格であり、同時に、ある種の宿命的なものではないかと思うのです。

　確かに、議会には会議録という「事後報告」の王様がいます。しかし、住民と会議録との間には、かなりの距離があるように感じます。この距離を埋めることこそが、議会だよりに課せられた役割なのです。

②議会だよりの発行に関する例規　―目的・趣旨の規定ぶり―

　議会における議会だより発行に関する例規はさまざまです。いくつか例をみてみましょう。

■山形市議会報発行規程

（目的）

第1条　この規程は、山形市議会が発行する山形市議会報（以下「議会報」という。）に関し必要な事項を定め、もって市民等に対する議会の活動状況の周知徹底を図るとともに、市民の意思を求め、市勢の発展に寄与することを目的とする。

■芦屋市議会報発行規程

（目的）

第1条　本市の議会活動を広報し、市民の意見を聴取して、これを行政に反映させ、本市自治の高揚を図るため芦屋市議会報（以下「議会報」という。）を発行する。

■鉾田市議会広報発行に関する規程

（議会広報の発行）

第1条　議会の活動状況及び市の施策を、市民に中正に報道し、議会と市民の一体感を高め、真に市民の議会とすることを諮るため議会広報を発行する。

2　（略）

第4章　調査・庶務のポイント

■行方市議会広報の発行に関する規程
　（趣旨）
　第1条　この訓令は、地方自治法（昭和22年法律第67号）第115条の趣旨にのっとり、行方市議会広報の発行に関し必要な事項を定めるものとする。
　（議会広報の発行）
　第2条　行方市議会の審議状況を住民に周知させるため「行方市議会広報」（以下「広報」という。）を発行する。
　2・3　（略）

■京田辺市議会広報発行に関する条例
　（趣旨）
　第1条　この条例は、地方自治法（昭和22年法律第67号）第115条の趣旨にのっとり、住民に対し議会の状況を報告するため、広報「京田辺市議会だより」（以下「広報」という。）を発行するために必要な事項を定めるものとする。

　それぞれの規定における着眼点、ポイントは次のとおりです。
　1つ目の山形市議会は、「市民等に対する議会の活動状況の周知徹底」、とりわけ「周知」です。「徹底」という言葉に意思の強さを感じます。
　2つ目の芦屋市議会は、「議会活動を広報し、市民の意見を聴取して」、つまり、広報することによって市民から何らかのリアクションがあることを期待している点です。山形市議会も同様の趣旨を規定しています。
　3つ目の鉾田市議会は、「市民に中正に報道し」としています。これはまさに、議会だよりの大原則「中正」をうたっています。
　4つ目の行方市議会は、「地方自治法（昭和22年法律第67号）第115条の規定にのっとり」の部分です。法的根拠を見出そうとするこの書きぶりは、行政職員としては実にしっくりきます。
　最後の京田辺市議会は、条例という形です。そして、この条文に、議会だよりの役割に関する1つの考え方が集約されていると思います。

③会議公開原則を補完するもの

　以上、5つの例規を眺めてみると、その根底にある考え方にたどり着きます。それは、議会だよりの本来の役割すなわち存在意義は、「会議公開の原則」を補完することにあるということです。

　会議公開の原則を構成する3要素は、傍聴の自由、報道の自由、会議録の公表です。しかし、住民にとって議会が「みる」対象であるかというと、なかなか厳しいのが現実です。

　傍聴者数の伸び悩み、住民からみた会議録の縁遠さ、こうした住民と議会との間の距離を、議会側から縮めようとするのが、議会だよりの発行目的であり、原点ではないでしょうか。

▶▶ 議会だよりを編集する

　議会だよりを会議公開の原則の1つの形態と捉えるならば、留意すべきは、何といっても「正確性」ということになります。

　議会だよりの紙面には限りがありますが、まず追求すべきは、いかに正確に記述するかです。記事の面白さ云々はその次の「工夫」の話です。

①事後報告の中で唯一「将来が語られているもの」

　「議会だよりは、事後報告である」と先に述べました。

　議案の審議に関しては、全くドンピシャリ、それが当てはまります。議案の内容、審議の経過、そして可決、否決といった結果までが記事となり、それで完結します。審議の結果によって住民の生活がどう変わるのか、つまり、これからのことを記事にしているのは、どちらかといえば執行機関が発行する広報紙です。

　そのような議会での議論の中で唯一、大きな視点で今後の自治体のありようについて語られるのが、一般質問です。議員はここで、自治体の行政一般について、事業執行の適正性をチェックする行政監視機能や、「○○を実施してはどうか」といった政策提言機能を発揮しています。

　一方、執行機関は、行政監視型の一般質問に対しては、現状の実績や

事業効果などを説明し、政策提言型の一般質問に対しては、執行機関が考える「将来の展望」を語ります。

つまり、議員の政策提言型の一般質問に対する執行機関の答弁だけが唯一「将来が語られているもの」であり、「これからのこと」なのです。

②住民は執行機関の答弁に注目している

一般質問で住民が注目しているのは、議員の質問内容もさることながら、実は、質問に対して執行機関がどう応じたか、どう答弁したかにあります。行政サービスの実際の担い手は執行機関ですから、執行機関の考え、これこそが住民にとっての関心事なのです。

政策提言型の一般質問に対する執行機関の答弁スタイルの基本は、過去から現在までの経過、現状の説明、そして将来への展望です。

将来への展望で話を締めくくるわけですが、パターンとしては、「実施する」「検討する」「研究する」「実施しない」の4つが定番でしょう。

よって、議会だよりの原稿担当者は、執行機関の答弁の部分に細心の注意を払い、特に締めくくりのところは、ニュアンスも含めて正確に表現する必要があるのです。

③どのように書くか、悩む

1つの例を考えてみましょう。執行機関の答弁の一部です。

> （〇〇部長）〜につきましては、今後、検討していかなければならないというふうには考えているところではございます。

さて、これを議会だよりにどう書くかです。

答弁の内容としては、検討するか否かは未定です。簡単にいえば「検討することを考えている」のですが、「というふうには」「ところでは」の言い回しから、消極的なニュアンスが感じられます。ただ、検討すること自体に消極的なのか、それとも、「今後」すぐにということについて消極的なのか、この文章だけでは両方の解釈があり得るでしょう。

文字数に制限がある議会だよりですから、どこをどう簡潔にするかが「腕の見せどころ」です。ニュアンスを感じとり、「キモ」となる部分を文章の前後関係などから判断するのです。場の「空気」もその鍵となり得ますから、会議を傍聴したり、録画・録音を活用することも有効です。

▶▶一大センセーションを巻き起こした議会だより

　平成25年に登場し、地方議会「業界」に一大センセーションを巻き起こした議会だよりがあります。

　あきる野市議会が発行する「ギカイの時間」です。

　タブロイド判ではなく、A4判のフリーペーパーのようなスタイルが斬新です。紙面全体の色彩に統一感をもたせ、白い部分を意識的に残すことで、読みやすさを追求しています。記事の内容も、巻頭に特集を掲載するなど、ある種の旧態依然とは無縁のようにみえます。

　「いいなあ」「うちもこのようにしたい」と考える議会事務局職員も多いでしょう。

　ただし、議会だよりのコンセプトを決定するのはあくまで議員であり、議会です。そして、いわゆる「リニューアル」は紙面構成の「工夫」の問題の域を出るものではない、つまり、議会だより本来の性格に由来する「正確性」の要請は、依然として存在するということです。記事の正確性が担保されてはじめて、読みやすさの工夫は活きてくるのです。

47 ◎…ホームページ・議会中継

▶▶ 「開かれた議会」情報周知の一手段

　パソコンとインターネットが普及して久しい昨今、行政機関でも、インターネットを活用した情報公開が一般的となっています。
　地方議会でも、「開かれた議会」を実現するための有効的な手段として、議会のホームページを用意して、自らの情報を積極的に公開して周知を図り、あるいは住民の意見を取り入れるためのさまざまな試みが現在進行形で行われています。

①ホームページで提供される情報

　ホームページによる情報提供のコンテンツ（内容）としては、議会の構成・しくみ、議員名簿、定例会などの会議の開催などの告知、議案、表決結果、請願・陳情の取扱い、議会中継、会議録、議会外部での議員の活動（議会報告会など）、子ども向けのページなどが挙げられます。
　その他、議会独自でホームページを利用したパブリックコメントを実施しているところもあります。

②議会中継の方法

　議会中継は、本会議のほか、委員会や、全員協議会などの協議・調整の場における審議の様子を動画で提供するもので、ライブ中継と録画があります。ケーブルテレビなどによる中継もありますが、ここではオンデマンド（見たい人がいつでも見られる状態にあること）が特色であるインターネットを利用した中継方法をみてみましょう。
　インターネットによる議会中継は、単純に動画ファイルをリンクで再

生させる仕掛けから、閲覧システムを独自に開発して管理するなどさまざまなものがありますが、自治体の多くは、委託により外部のシステムを活用して動画を管理する方法をとっています。会議録の作成と合わせて議会中継を委託し、中継の動画と会議録を連動させる仕掛けをとっている例もあります。

　このところ注目されているのが、ユーストリームやユーチューブといった民間の動画投稿サイトを利用する方法です。このうち、ユーストリームは、ライブ中継が可能であり、中継した録画も別途公開することができるため、鳥羽市、流山市など多くの自治体で利用されています。

　最大のメリットは、低廉なコストです。Webカメラ1台とパソコンがあれば簡単に映像を送信することができ、サイトの使用料は基本的にかかりません。初期費用、ランニングコストとも最小限に抑えられます。

　他方、デメリットとしては、閲覧環境については民間サイトに依存していることです。先方の都合によっては、動画がスムーズに再生されない、中断する、あるいはそもそも再生できないということもあります。また、録画した動画を保存できる容量にも限界があります。さらに、先方は営利団体ですから、ページには広告が表示されます。広告を表示させない方法もありますが、その場合は有料となります。

　こうしたデメリットは、動画を配信する議会側もユーザーである以上、致し方ないところです。したがって、閲覧環境に関することや、広告に起因するトラブルなどについては責任を負わない旨の免責条項をあらかじめ記載しておくのが望ましいといえます。

③SNSの活用

　近年、通常のホームページに加え、SNS（ソーシャル・ネットワーク・サービス）を活用する事例が増えています。携帯電話やスマートフォンといったモバイル端末を介して、利用者が相互に閲覧や投稿を簡単に行える点に着目し、簡潔でタイムリーな情報提供、あるいは住民との接点として、議会独自でアカウントを取得して積極的に情報発信をする例が多くみられるようになりました。

▶▶ 議会のサイトはどこにある？ ―ドメイン名をめぐって―

　ある個人や団体に関するさまざまな情報を掲載したホームページの集まりをサイト（ウェブサイト）といいます。ここでは、議会サイトの場所について、ドメイン名をめぐる取組みをみてみましょう。

①通常の場合　―サブディレクトリ（サブフォルダ）―
　「ドメイン」とは、簡単にいえば、インターネット上の「住所」です。「http://～」で始まるURLのうち、「//」の後から次の「/」の前までの「～」に当たる部分です。
　地方公共団体のドメイン名は、
　「pref.kyoto.jp」（京都府）
　「city.yokkaichi.mie.jp」（四日市市）
のように、都道府県・政令市はこれを表す略語（都は「metro」、政令市は「city」）＋名称（＋「lg」）、市町村はこれを表す略語（町は「town」、村は「vill」）＋名称＋所属都道府県名（または「lg」）で構成されています（なお、「lg」は、地方公共団体情報システム機構が提供する総合行政ネットワーク（LGWAN：行政専用の閉域ネットワーク）のドメイン名です）。
　議会は自治体の一機関ですから、地方議会の多くは地方公共団体のドメイン名の後に「/gikai」等の「枝」をつけたところをその「住所」としています。「pref.kyoto.jp/gikai」「city.yokkaichi.mie.jp/gikai」の要領です。これをサブディレクトリ（サブフォルダ）といいます。

②サブドメイン、独自ドメイン
　これに対し、議会サイトの場所として、サブドメインや独自ドメインを用いる例があります。
　まず、サブドメインとは、地方公共団体のドメイン名の後ろではなく、
　「gikai.pref.hokkaido.lg.jp」（北海道議会）
　「gikai.city.edogawa.tokyo.jp」（江戸川区議会）

のように、頭のほうに「gikai.」と置く方法です。サブドメインはその後ろに続く主たるドメインの一部として構成されます。

　また、独自ドメインは、地方公共団体（執行機関）のドメインとは異なるドメインを使用するものです。例えば、

「nagareyamagikai.jp」（流山市議会）

　　（※市サイトは「city.nagareyama.chiba.jp」）

「sagamihara-shigikai.jp」（相模原市議会）

　　（※市サイトは「city.sagamihara.kanagawa.jp」）

は、議会で独自ドメインを使用している例です。

③独自ドメインで期待される効果

　以上の3つの方式を比べると、サブディレクトリでは、執行機関の下に議会がぶら下がっている感じがあるのに対し、サブドメインでは、議会というものが自治体の中でも大きなグループであることを感じさせます。ここまでは、1つのドメインの中での話となります。

　独自ドメインは、要するに「別のドメイン」です。執行機関と異なる名称となりますから、執行機関と議会が対等の立場であること、執行機関に対する議会の自律性、独立性を、インターネット上でも閲覧者にアピールできるというメリットがあります。

　3者の違いをイメージで捉えてみると、サブディレクトリは建物の一室、サブドメインは母屋に対する離れ、そして独自ドメインは全く別の建物、いう感じでしょうか。

　独自ドメインには、実際上の効果もあります。端的にいえば、コンテンツの作成や見せ方において、執行機関の標準的な体裁から自由になれるのです。執行機関が管理するサイトは、多岐にわたる部署と多様な事業そして人員を抱えているため、統一様式という「枠」の中でコンテンツを作成する必要が生じます。誰でも更新できる形にすればするほど、サイトの統一感を維持するための約束ごとは増えてしまいます。

　一方、議会の仕事は執行機関の各部署とはベースが全く異なりますから、統一様式という「枠」ではその内容を十分に表現しにくい部分が出てきます。また、議会事務局は執行機関に比べて人員的には小規模であ

り、集中的なサイトの管理が可能です。議会独自でサイト管理ができれば、そのコンテンツも議会の活動に合うように自由に作成できます。

議会サイトにおける独自ドメインの導入は、「開かれた議会」のよりよい実現にとって、大きな可能性をもっているといえるでしょう。

▶▶ うまく回すための留意点

議会中継を含めて、ホームページによる情報提供には、他の媒体に比べて圧倒的な即時性があります。議会の情報提供ツールとしてはうってつけといえますが、それだけに上手に運用したいものです。

①持続可能な更新体制の確保

何といっても必要なのは、コンテンツの継続的な更新です。時機を逸した情報提供では、即時性を活かすことができないばかりでなく、サイト全体の信頼性を損ねる可能性もあります。定例会の議事日程に伴う情報は特に、タイムリーな更新ができるよう、持続可能な体制を整えることが肝要です。

②中継録画の著作権

議会中継のページにある注意書きの１つに、「議会中継の著作権は○○市議会に帰属します」という表示がみられます。映像の著作権の帰属主体については、「議会」とする例が多いですが、「○○市」と地方公共団体そのものとしている例も散見されます（例：淡路市、山口市）。

著作権法では、創作者主義の原則のもと、著作権はこれを作成した者に帰属します。議会中継は議会が自らの活動を映像として作成し公表しているものですから、議会が著作権者であるといえます。もっとも、議会は独立で法人格を有するものではありませんから（自治法２条１項参照）、例えば著作権侵害訴訟となったときは、訴訟当事者としては地方公共団体が原告となるでしょう。

ただ、著作権法における法人は「法人格を有しない社団又は財団で代表者又は管理人の定めがあるものを含む」（２条６項）とされています

から、議長という代表者のある議会も、著作権の帰属主体となり得ると考えられます。

③発言の取消しと議会中継

　議会中継で問題となるのは、発言の取消しがあった場合です。会議録では、取り消された発言部分は伏せ字にしますが、中継録画のほうはどうするのか、という問題です。

　これについては、議会中継の録画はあくまで情報提供手段の1つであり、自治法123条に定める公式の会議録ではない、ということが前提となります。公式の会議録でないことから、録画については特段の措置を講じないという判断もあります。この場合、取り消された発言もそのまま配信されますので、公式の会議録と齟齬が生じます。そこで、ほとんどの議会では、「議会中継は公式の会議録ではない」旨を表示しています。

　もちろん、録画においても取り消された部分の音声を消去するなどの処理を施す方法はあります。これには一定の動画編集のスキルが必要となりますが、最も望ましい形といえます。その場合でも、発言の取消しがあった場合は該当部分の音声を消去することがある旨を表示しておく（例：西東京市）のが、閲覧者に対して親切といえるでしょう。

4 8 ◎…会議録

▶▶ 議会の歴史を刻むもの

　会議録は、議会の活動を記録した公文書です。会議録について、自治法123条は、調製権は議長にあること（1項）、会議録が書面をもって作成されているときは、会議録署名議員を2人以上置かなければならず（2項）、また、本会議の結果を会議録の写しを添えて長に報告すること（4項）などを定めています。

　会議録には本会議で行われた発言や審議の過程・結果など一切のできごとが記録、保存されます。会議録には議会の歴史が刻まれており、議会の歩んできた歴史そのものといえます。

①会議録の意義

　会議録を作成する意義としては、おおむね次の3つが挙げられます。

　まずは、証拠書類としての意義です。会議録には、発言以外の情景描写も含めた一切のできごとが客観的に記録されますから、その記述は証拠としての機能を有します。また、そこに書かれている記述は、単に過去の本会議の様子を振り返る記録にとどまらず、先例という形で、現在の議会運営の参考として息づくものでもあります。

　次に、会議公開の原則（自治法115条）の具体化の1つとしての意義です。会議録の公表は、傍聴の自由、報道の自由と並ぶ、公開原則の3要素の1つとして、住民に向けて開かれた議会の窓という役割を担います。

　最後に、議員などの発言の正確性ないし慎重さを求めるという意義です。会議における議員あるいは執行機関の発言は、余すところなく会議

録に記載される建前ですから、本会議で発言する際は、慎重の上にも慎重な態度で臨まなければなりません。「本会議での発言は重いもの」といわれるゆえんです。

②会議録の記載事項、記載しない事項

　会議録に記載すべき事項については、標準会議規則において、開会・閉会・休憩等の日時、出席者の氏名、議事日程、付議事件、議事や選挙の経過など、計15項目にわたり詳細に規定されています（都道府県会規124条、市会規85条、町村会規124条）。

　逆に、会議録に記載しない事項についても、標準会議規則に規定があります。秘密会の議事、議長が取消しを命じた発言、取り消された発言がこれに当たります（都道府県会規126条、市会規87条、町村会規126条）。もっとも、これは配布用の会議録についての規定であり、会議録原本にはこれらのいずれも記載されます。発言の訂正があった場合は、原本では訂正前の（取り消された）発言と合わせて記録されます。

③整文（修文）の必要性

　会議録には本会議での一切のできごとが記載されますが、実際の会議は話し言葉で進行します。そこでは、「えー」「あのー」のようなそれ自体意味のない語、感動詞、直後の言い直し、同義語の繰り返し、助詞（いわゆる「てにをは」など）のブレなどが頻出します。音声として聞いているぶんにはまだいいのですが、これがそのまま紙に書かれると、非常に読みにくいものとなってしまいます。

　そこで、整文（修文）が必要となってきます。音声を文字化するにあたり、発言の趣旨を損なわない程度に文章（書き言葉）として整理する作業です。

　整文の程度はそれぞれの議会によって微妙に異なり、それはその議会が長年培ってきた経験、いわば文化です。ただ、1ついえることは、本会議のできごとを客観的に記録するという会議録の性質上、整文は最小限の範囲にとどめるべきということです。文章として整理すればするほど、本会議そのものの空気や発言のニュアンスというものは失われてい

くのが通常であり、そのような事態は、読みやすさを求めるあまり、先に述べた証拠性を犠牲にするおそれがあるからです。

▶▶ 閉会後の発言の訂正と会議録

　本会議における議員の発言の取消し、訂正は、その会期中に限り、取消しについては議会の許可、訂正については、発言の趣旨に変更を及ぼさない字句の訂正に限り、議長の許可を得て行うことができます（都道府県会規63条、市会規65条、町村会規64条）。

　当該会期中に限るのは、議会は会期中のみ活動能力を有しており、それぞれの会期は互いに独立し、後会に継続しない（会期不継続の原則、会期独立の原則）ことによるものです。

　それでも、後で誤りに気づいた、ということもあるでしょう。閉会後に発言の誤りに気づいた議員から、発言の訂正あるいは会議録の訂正を求められた場合、どのように対応するかが問題となります。

①原則と実務上の運用のはざまで

　会議録は当該会期の終了後に作成されますから、会期の終了により発言の訂正が許可される機会を失っている以上、会議録においても訂正は認められません。これが原則です。

　ただし、「平成」を「昭和」と誤るなど、明らかに言い間違いであると認められる場合には、議長において、会議録署名議員の了解を経て正誤表を作成、配付することは可能ではないかと考えられます。

　また、正誤表による訂正を裏づける発言の訂正方法として、次の会期において発言の訂正の申出をさせる運用も考えられます。もちろんこれは正規の手続ではありませんから、単に報告という形をとることになります。

　あるいは、訂正に関する特段の措置を講じず、次の会期で前回と異なる発言をすることで、実質的に訂正がなされたものとして「納得」する、このように考えることもできるでしょう。

②会議録における「事実」の真実性とは？

　この問題は、整文の程度をどうするかという問題も含めて、会議録を作成する難しさの1つの表れといえます。

　両者は、発言自体と、発言の内容となっている事実との間に齟齬が生じている点で共通します。そして、その根底には、「発言自体の客観的真実」と「発言内容の客観的真実」のどちらを優先すべきか、という価値観の問題が横たわっているのです。

　標準会議規則が閉会後の発言の訂正を認めていないのは、先に述べた会議録の意義から考えれば自明といえます。「会議での発言は重い」というのは、発言自体の客観的真実が動かざる前提であることを踏まえて、発言内容に真実性を伴わせるよう最大限留意することを促していると考えるべきでしょう。事後に発言内容の真実性をフォローするのは、閲覧者に混乱を生じさせないことも含めての、いわば「サービス」なのです。この観点からは、会議録の本文に触れずに発言内容に真実性を伴わせる「正誤表」という処理がギリギリの線なのかもしれません。もちろん、それも、正誤表で処理できる範囲内の明白かつ軽微なものに限られます。

　事後の訂正について、どこまで「サービス」を認めるかは、それぞれの議会の考え方次第です。いずれにしても、この問題は、会議録において担保されるべき真実性とは何か、先に述べた意義を踏まえて、会議録のあり方をどう考えるかという問いと直結する、奥の深いものといえるでしょう。

▶▶ 資料の映写と会議録

　議場にスクリーンやモニターを設置して、これにスライドなどの資料を映写しながら議員が質問する、そんな議会が出てきています。

　「わかりやすい議会」への試みの1つとしての取組みですが、こうした映写資料の使用と会議録との関係について考えてみましょう。

①資料映写の運用例

　議場における資料の映写については、そのルールを議会運営委員会で申し合わせておくことが考えられます。

　例として、三重県議会の「質疑・質問等に係る議会運営委員会の申合せ事項」から要点をピックアップしてみましょう。

---

①資料映写は、演壇での掲示資料（図表等）と同じく、発言時の補助手段としての使用にとどめる。
②映写資料の内容については、議場における発言と同じく、議員自身が責任を負う。
③議場内スクリーンへの映写作業は、議員の指示に従い書記が行う。
④レーザーポインタを使用する場合は、指し示す内容がわかるよう、口頭で補足説明を行う。
⑤執行部の答弁においても、……答弁に必要な最小限の範囲内で、議場内スクリーンへの資料映写を認めるものとする。
⑥映写資料は、演壇での掲示資料と同じく、会議録には掲載しない。

　まず、資料映写に関する基本的な考え方を示しているのが①です。議会は「言論の府」であるといわれるように、議論の中核を形成するのはやはり発言であって、資料の提示はこれを補助するものにとどまる、というスタンスです。そして、②では、映写資料に関する責任の所在を明らかにして、資料の内容の真実性や著作権の問題など、使用する議員において周到に準備するよう求めています。また、③や⑤には、資料映写の利便性を本会議で発言するすべての者が享受できるという公平の観点のほか、本会議の出席者が一体となって「わかりやすい議会」を追求する姿勢が表れていると思います。

②会議録調製の視点からみた資料映写

　さて、前述の要点のうち、会議録の調製に関わるのが④と⑥です。

　④は、①に示される基本的な考え方を踏まえて、映写資料を示す際には言葉で説明することを求めています。これは、発言の記録として調製

される会議録を意識したものです。もちろん、映写資料を指し示すとき、例えば「このグラフでみると、この期間はこれだけ落ち込んでいるのです」のように、指示語が多用されると内容が不明瞭ですから、「予算額の推移をグラフでみると、〇年度から×年間は△％も減っているのです」など、示す内容を言葉でしっかり伝えるよう求めているわけです。

そして、⑥では、映写資料と会議録の関係をはっきり定めています。①に示される基本的な考え方からの帰結であり、そのために映写資料の使用者が心がけるべきことを④で示すのと相まって、三重県議会のスタンスが明快かつ論理的に整理されているといえるでしょう。

もう1つ、流山市議会の例をみてみましょう。「流山市議会基本条例第27条第1項にもとづく議会基本条例の検証及び見直し結果」（平成25年1月10日）によれば、こちらは三重県議会とは逆に、映写資料は会議録の巻末に添付することとしています。掲載はモノクロで1ページに2枚以内と定めています。

流山市議会のように考える場合、会議録への掲載の法的根拠としては、標準会議規則でも「その他議長又は議会において必要と認めた事項」に求めることができます。会議録の意義の見地からも、本会議でなされた一切のできごとを記録するということから論理的に導かれます。そして、「わかりやすい議会」を会議録調製の視点からも追求するのだという姿勢もまた、十分な説得力があるといえるでしょう。

議場での資料映写について議員から発意されたとき、議会事務局職員として心がけるべきは、単に議場内でのパフォーマンス的な効果だけに目を奪われないことです。資料に関するリスク管理や会議録との関係など、いわば周辺部分の整合性についても、法的根拠を含めて論理的に整理した上で、選択のためのメニューを議員に示す。これがこの場面での議会事務局職員としてのセンスといえるでしょう。

4-9 ◎…議員報酬

▶▶ 議員報酬について議会事務局が知っておくべきこと

議員報酬については、自治法203条にその根拠があります。

> ■地方自治法
> 第203条　普通地方公共団体は、その議会の議員に対し、議員報酬を支給しなければならない。
> ②　普通地方公共団体の議会の議員は、職務を行うため要する費用の弁償を受けることができる。
> ③　普通地方公共団体は、条例で、その議会の議員に対し、期末手当を支給することができる。
> ④　議員報酬、費用弁償及び期末手当の額並びにその支給方法は、条例でこれを定めなければならない。

この規定は平成20年の法改正によるものですが、具体的には次の2点の改正が行われました。
① 普通地方公共団体の非常勤職員として、委員会の委員、非常勤の監査委員とともに並列列挙で規定されていた議員の報酬について、その支給規定を独立させた。
② 議員に支給する報酬の名称を「議員報酬」と改めた。

昨今の議会改革の議論において、議員報酬問題は必ず登場します。そんな中で、議会事務局職員の役割とはどのようなものでしょうか。

203条4項で規定されているとおり、議員報酬の額や支給方法は条例事項です。条例で定めなければならないわけですから、これは議員マ

ターなのです。議会事務局が議員報酬の額や支給方法を決定するわけではない、その意味で議会事務局職員が議員報酬について知っておくべきことは、その法的性格と取扱いです。

①議員報酬≠「生活給」

平成20年の法改正により議会の議員に対する報酬が議員報酬と命名されたことはすでに述べました。そのあたりについて、国会における審議の一端をみてみましょう。

> **■参議院会議録　第169回国会　総務委員会　第20号**
> （平成20年6月10日）**抜粋**
>
> ○衆議院議員（原口一博君）
> 　……都道府県議長会を始めとする全国三議長会からは、地方議会議員の位置付けの明確化に関して以下のような要請がございました。地方議会議員の職責又は職務を明確にするために、地方自治法に新たな規定を設けてほしいと。それから、地方自治法第203条から議会の議員に関する規定を他の非常勤職員と分離し、独立の条文とするとともに、職務遂行の対価については単なる役務の提供に対する対価としての報酬ではなくて、広範な職務遂行に対する補償を表す名称とするため、報酬を、まあ私たち国会議員と同じように歳費に改めてほしい。……まずその第一歩として、議員活動の主たる範囲である議会の活動、この範囲を明確化したものであります。また、地方議員の報酬を報酬から歳費にという、改める要望はありましたけれども、歳費ということではなくて議員報酬という固有の名称を設けることとしたものでございます。以上が今回の改正内容と要望内容の主な相違点でございますが、改めて申し上げますが、これはまず第一歩だということで御理解をいただきたいというふうに思います。
>
> ○加賀谷健君
> 　意見書の中には、今のお話にありましたように、報酬を歳費にしてほしいと。この中には多くの意味が含まれているとは思うんですけれども、歳費という名称にできなかったというところを、まあ私は報酬と歳費がどう違うのかというのは余り分からないんですけれども、国会議員の場合は歳費ということになっているわけでありますけれど

も、この歳費という言葉、名称を使わなかった理由というのは特にございますか。」
○衆議院議員（黄川田徹君）
　お答えいたしたいと思います。……地方議会の議員の報酬については、地方自治法上に定める非常勤の職員等の報酬とは異なる性質を持っていることから、この違いにかんがみ、固有の名称を設けることとし、議員報酬というふうな形にしたわけであります。<u>この歳費との名称を採用することについても検討したわけでありますけれども、この歳費という名称は年俸といった性格、色彩を強く帯びるものであると考えられるところでありまして、地方議会の議員には町村議会と小規模な団体の議会の議員も含まれておるということから、このような議会の議員の報酬についても年俸といった性格、色彩を強く帯びるような名称を用いることは必ずしも実態にそぐわないんではないかと、こう考えておるところであります。そのため、歳費、地方歳費との名称は今回取らなかったわけであります。</u>以上であります。
○加賀谷健君
　憲法の中では国会議員は歳費という言葉が使われているというふうに聞いておりますけれども、歳費にしてほしいという願意の中にはそのように今の地方議員の在り方を含めての願意があったような気がしてならないわけでございまして、これはまた将来、次のステップの中の課題にしていきたいと、こんなふうに思います。

（下線は筆者）

　こういったやりとりの末、**議員報酬**という名称になったわけです。ただ、議員報酬という名称になろうともその法的性格はあくまでも「報酬」であって、一定の役務の対価として与えられる反対給付であることに変わりはありません。報酬ですから、常勤の職員に対する給料とは異なり、いわゆる生活給という性格は有していません。

②議員報酬の差押え

　議員報酬は生活給としての給料ではないため、差押えに関する取扱いも給料とは異なります。すなわち、議員報酬については、民事執行法151条の規定により所得税、住民税、社会保険料などの法定控除後の全

額を差し押さえることができます。そして、同法152条の適用はありません。

ちなみに、常勤の職員については、同法152条の規定により、手取り額の4分の3は差し押さえることができません。

> ■民事執行法
> （継続的給付の差押え）
> 第151条　給料その他継続的給付に係る債権に対する差押えの効力は、差押債権者の債権及び執行費用の額を限度として、差押えの後に受けるべき給付に及ぶ。
> （差押禁止債権）
> 第152条　次に掲げる債権については、その支払期に受けるべき給付の4分の3に相当する部分（その額が標準的な世帯の必要生計費を勘案して政令で定める額を超えるときは、政令で定める額に相当する部分）は、差し押さえてはならない。
> 　一　債務者が国及び地方公共団体以外の者から生計を維持するために支給を受ける継続的給付に係る債権
> 　二　給料、賃金、俸給、退職年金及び賞与並びにこれらの性質を有する給与に係る債権
> （以下略）

③議員報酬の放棄・辞退は可能か

議員報酬の放棄あるいは辞退の可否については、昭和24年8月25日付けの行政実例があります。

「議員報酬請求権は議員の身分と表裏一体をなすものであつて、また、支給期日の到来しない部分について報酬の辞退を意思表示することはできないが、具体的に発生した報酬請求権の辞退の意思表示があれば権利の放棄とみることができる」。

つまり、議員の身分に基づく報酬を受ける権利、この基本債権は放棄することはできない、ただし、すでに支給日が到来し具体的に確定した債権すなわち支分債権は、放棄あるいは辞退することができるというこ

とです。しかし、議員はこの場面で公職選挙法にも注意を払う必要があります。

> ■公職選挙法
> （公職の候補者等の寄附の禁止）
> 第199条の2　公職の候補者又は公職の候補者となろうとする者（公職にある者を含む。以下この条において「公職の候補者等」という。）は、当該選挙区（選挙区がないときは選挙の行われる区域。以下この条において同じ。）内にある者に対し、いかなる名義をもつてするを問わず、寄附をしてはならない。（ただし書以下略）

このように、議員報酬の性格としては、支分債権の放棄、辞退は可能ですが、実際は、公職選挙法に寄附の禁止規定が置かれている結果、議員が所属する議会の地方公共団体も「選挙区内にある者」ですから、放棄、辞退はできないのです。本来もらえるべきものをもらわないという消極的寄附に当たってしまうからです。

▶▶ 長期欠席議員の議員報酬の取扱い

民間企業では、病気などにより長期にわたって欠勤している従業員の給料はその期間中は支給しないのが通常です。議会の議員についても同様に取り扱うのが常識的といえますが、先にみたとおり、議員報酬の辞退、返還は公職選挙法上、寄附行為として禁じられています。

したがって、長期欠席議員の議員報酬を減額あるいは不支給とするためには、条例に議員報酬の減額規定を置く必要があります。

①議員報酬支給条例一部改正か、特例条例制定か

長期欠席議員の議員報酬を減額するにはどのように条例化すべきでしょうか。方法としては、議員報酬支給条例の一部改正か、あるいは議員報酬の支給に関する特例条例の制定が考えられます。

これは、立法技術の問題です。各自治体の例規集を眺めてみると、特

例条例で対応しているケースが散見されます。各自治体でさまざまな事情があると推察しますが、私見では、議員報酬支給条例を一部改正して減額規定を追加する手法を選択したいところです。なぜなら、減額規定を置くことになった直接の契機は個別の事例であったとしても、条例化は制度の構築として行うのが第一義であり、当該事例に対応するためだけに特例的、暫定的に減額規定を置くわけではないはずだからです。

②特例条例で「制度化」する事情

一方で、特例条例の制定という方法を選択する事情というのもあると思います。

その場合とは、議員報酬が他の非常勤職員、例えば教育委員会委員、選挙管理委員会委員などの報酬と同一の条例で規定されているときではないかと考えられます。この手の条例を一部改正して議員報酬についてのみ減額する規定を置くには、少々複雑な立法技術が要求されるからです。短時間で立案されることが多い議員立法の場合には、一部改正と比べて正確かつ容易に作成できる特例条例を選択したくなる、それが立法補佐をする実務家の本音でもあります。

例えば、伊東市議会は、平成26年3月定例会において「伊東市議会議員の議員報酬等の特例に関する条例」を制定しました。マスコミでも報道されていましたが、議員が交通事故で意識障害が残り、辞職の意思表示もできない状態とのことでした。そこで、議会では、特例条例を制定し、議員報酬と期末手当の減額を定めました。ちなみに、伊東市議会の議員報酬は他の非常勤職員と同一の条例で規定されています。

4-10 ◎…政務活動費

▶▶ 政務活動費の法制

　全国市議会議長会による「市議会の活動に関する実態調査結果」(平成25年12月31日現在)によれば、全国812市のうち705市(86.8%)において、政務活動費(旧政務調査費)が交付されています。

　人口20万人以上の市に限れば、100%です。

　この政務活動費に関しては、自治法100条14項から16項までに規定があります。

> **■地方自治法**
> 第100条
> ①〜⑬　(略)
> ⑭　普通地方公共団体は、条例の定めるところにより、その議会の議員の調査研究その他の活動に資するため必要な経費の一部として、その議会における会派又は議員に対し、政務活動費を交付することができる。この場合において、当該政務活動費の交付の対象、額及び交付の方法並びに当該政務活動費を充てることができる経費の範囲は、条例で定めなければならない。
> ⑮　前項の政務活動費の交付を受けた会派又は議員は、条例の定めるところにより、当該政務活動費に係る収入及び支出の報告書を議長に提出するものとする。
> ⑯　議長は、第14項の政務活動費については、その使途の透明性の確保に努めるものとする。
> ⑰〜⑳　(略)

①「調査研究その他の活動」の立法者（立案者）意思

　平成24年の自治法改正によって、それまで100条14項において、「調査研究」に資するものに限定されていた（旧）政務調査費の使途が「調査研究その他の活動」に資するものと改められ、名称も「政務活動費」となりました。

　この条文を文理解釈すると、条例で定めるという条件付きながら、議会の議員の活動である限りその一切を政務活動費の使途とすることが可能であると読めます。

　このあたり、法改正に際して提案者はどのように考えていたのか、立案者の意思を国会の会議録から確認してみましょう。

■衆議院会議録　第180回国会　総務委員会　第15号
（平成24年8月7日）**抜粋**

○西委員
　……政務活動費についてお伺いします。今回、政務調査費を政務活動費という名称に変更して、調査研究以外の議員活動に充てられるようにする修正案が提案されております。経費の範囲については条例で定めると、先ほどからも議論がございました。この内容について、どのような経費が対象となるのか、どういう考え方に基づくのかということを、アウトラインを示していただきたい。また逆に、議員活動で対象とならないというものの考え方についても、もしございましたら提案者から御答弁をお願いしたいと思います。

○稲津委員
　お答えいたします。これまで政務調査費については、条文上、交付目的は調査研究に資するもの、このように限定をしておりましたが、今後は、議員の活動である限り、その他の活動にも使途を拡大するとともに、具体的に充てることができる経費の範囲について条例で定めることとしております。例えば、従来、調査研究の活動と認められていなかったいわゆる議員としての補助金の要請あるいは陳情活動等のための旅費、交通費、それから議員として地域で行う市民相談、意見交換会や会派単位の会議に要する経費のうち調査研究活動と認められていなかったといったものについても、条例で対象とすることができるようになると考えられます。どのような経費の範囲を条例で定める

> かにつきましては、これは各議会において適切に御判断をしていくべきものであると考えております。ただし、あくまで議会の議員の調査研究その他の活動に資するための経費の一部を交付するものであるということから、議会の議員としての活動に含まない政党活動、選挙活動、後援会活動それから私人としての活動のための経費などは条例によっても対象にすることができない、このようにしております。
>
> （下線は筆者）

　なるほど、ここには「その他の活動」についての具体例が挙げられています。

　しかし、これはあくまでも例示であって、どの範囲までを政務活動費の対象とするかは各議会において適切に判断し、条例で定めるものとされています。

　この「その他の活動」に関して、今後、住民訴訟などの場で、裁判所が具体的にどのあたりまでを「その他の活動」の射程内と判断するのかは注目すべきところだと思います。

②政務活動費の法的性格

　もう1つ、これは政務調査費の時代からいわれているところですが、政務活動費の法的性格は「条例の定めるところにより」会派又は議員に交付される補助金といわれています（なお、福岡地判平成25年11月18日は「政務調査費は、法100条13項（筆者注：現行法では14項）を根拠として交付されるものであって補助金ではない」と述べています）。

　二元代表制といわれる議会と長の関係にあって、その議会側の会派又は議員の「調査研究その他の活動に資するため必要な経費の一部として」自治体から会派又は議員へ交付されているのです。自治体からの補助金ではありますが、その収支報告書は議長に提出するものとされています（自治法100条15項）。

③透明性を確保するための具体的方策

　自治法100条16項は、平成24年改正における政務調査費から政務活

動費への移行に伴って新設された条文です。

これは、端的にいえば「使途の範囲を広げるからには透明性の確保にも留意してください」ということです。

では、具体的にはどのような方策が考えられるでしょうか。

すでにいくつかの議会で実施されていたところですが、おおむね次の3つの方策が考えられます。

①収支報告書の公開窓口の設置

これは、情報公開請求手続によらずとも政務活動費の収支報告書の閲覧ができるようにするということです。例えば、三重県議会の議会図書室では、収支報告書の写しを自由に閲覧できるようになっています。

②ホームページ、議会だよりへの収支報告書の掲載

前出の全国市議会議長会の調査によれば、インターネット上で政務活動費の情報を発信しているのは341市（42％）となっています。発信している情報量に差はあるとは思いますが、筆者の知る範囲では、函館市議会のホームページは大変充実しています。各会派の収支報告書のほか、収入及び支出と残金を示した会計帳簿、その基となる支払伝票、領収書、出張報告書などが年度ごとに公開されています。

③領収書の添付義務の強化

こちらも全国市議会議長会の調査によるものですが、政務活動費を交付している705市のうち、701市が収支報告書にすべての領収書の添付を義務づけています。一定額以上の場合に添付すべしとしている市が2市、そして添付を不要としている市が2市となっています。

▶▶ 政務活動費に関する議会事務局の役割

ご承知のとおり、各地で情報公開請求、住民監査請求、住民訴訟が起こされている政務活動費ですが、果たして議会事務局は政務活動費についてどのようなスタンスをとればよいのでしょうか。

①使途に関する情報提供

議員から「○○を政務活動費で買ってもいいか？」「△△に政務活動

費は使えるか？」と問われることがあります。

　この場面での議会事務局の対応は「議員がご説明できるならば可」というのが正解です。それは、使途に関する最終的な説明責任は議員にあるからです。

　各議会には、政務活動費の使途に係る手引きやハンドブックがあると思います。これらは議員が議論の末に決定したものであるはずです。

　ところが、こうした手引きの類は、規定として機能するために抽象化された文言で書かれていますから、その解釈は１つとは限りません。したがって、具体的事案への当てはめは、実際には難しい側面があります。

　そこで、議会事務局の登場です。議員に対して、議員自身が判断するための資料を提供する役割がここに出てくるのです。議会事務局は、議員の問いかけに対し、各地での住民監査請求、住民訴訟の例などを提供します。そして、それらを参考に、議員自身に判断してもらうのです。議員は使途について、こうした情報に基づき自ら判断するからこそ、対外的に説明責任が果たせるのです。

　ここで議会事務局が軽々に「それは使えますよ」などと応じていては、後日その議員が使途について問われたときに「事務局がいいといったから」となってしまいます。あくまでも説明責任のある議員が判断すべきであって、議会事務局が判断すべきではないのです。もし取扱いに迷うような事案が出てきた場合には、議会運営委員会や会派代表者会議などで議論してもらい、決定していくべきだと考えます。

　議会事務局がこの役割を全うするためには、いうまでもありませんが、常にアンテナを張り、新たな情報に敏感である必要があります。

　情報源の定番は、新聞です。特に各地の地方紙には地方議会に関する記事が豊富に掲載されています。ちなみに、兵庫県議会議員の政務活動費問題を最初に報じたのは神戸新聞です。また、「判例地方自治」（ぎょうせい）などの月刊誌には、毎号必ずといっていいほど政務活動費の情報が掲載されています。なお、皮肉といえば皮肉ですが、最も充実した情報源の１つに「全国市民オンブズマン連絡会議」ホームページの「政務調査費・政務活動費特設ページ」があります（http://www.ombudsman.

jp/seimu.html)。

②収支報告書は徹底した形式審査で

さて、政務活動費の使途に関する審査、判断の基準について、いくつかの裁判例があります。

> ■青森地判平成19年5月25日
> 「当該支出が政務調査費の使途基準に合致するかどうかを判断するに当たっては、各議員活動の自主性を尊重する観点から、できる限り調査研究活動の内容に立ち入ることがないように、……会計帳簿及び領収書の記載事項を基礎的な判断材料として、可能な限り一般的、外形的に判断をするのが相当である。」
>
> ■最判平成21年12月17日
> 「(一般的な) 政務調査費条例は、政務調査費の支出に使途制限違反があることが収支報告書等の記載から明らかにうかがわれるような場合を除き、監査委員を含め……執行機関が、実際に行われた政務調査活動の具体的な目的や内容等に立ち入ってその使途制限適合性を審査することは予定していないと解される。」
>
> （カッコは筆者注）

このように、収支報告書すなわち政務活動費の使途を審査する基本的なスタンスは、議員活動の自主性を尊重する観点から、調査研究活動の具体的内容には立ち入らないということです。よって、議員が議論して決定した条例、規則、規程、手引き等に適合しているか否かについて「徹底した形式審査」をする、これが議会事務局の役割なのです。

4-11 ◎…政策条例の立案補佐

▶▶ 議員提出議案の要件

　議員の議案提出にあたっての要件は、自治法112条に規定されています。

　このうち、2項中の「12分の1以上の者」の意義ですが、具体的には、議員の定数が20人の議会であれば、20÷12＝1.6666……、この端数を切り上げて2とし、2人以上の者となります。

■地方自治法

第112条　普通地方公共団体の議会の議員は、議会の議決すべき事件につき、議会に議案を提出することができる。但し、予算については、この限りでない。

②　前項の規定により議案を提出するに当たつては、議員の定数の12分の1以上の者の賛成がなければならない。

③　第1項の規定による議案の提出は、文書を以てこれをしなければならない。

▶▶ 政策条例立案の現状と議会事務局職員の心得

　議会の政策立案機能発揮の手段として最もハードルが高いのが、政策条例の新規制定です。

①なぜ政策条例の新規制定はハードルが高いのか

　これには2つの理由があります。1つは議員の性急さです。議員は総じて「せっかち」です。とにかく忙しいのが議員です。じっくりと時間をかけて政策を練り、それを条文化するというような余裕がないのが実際です。むしろ、機をみるに敏といった体で、瞬発力を発揮して条例を作ろうと考える議員が多いと感じます。

　仮にじっくりと時間をかけて政策を練り、条文化し、条例案としての体裁が整ったとします。そして、先にみたとおり、定数20人の議会であれば最低2人で議案として提出することができます。

　しかし、本当に賛成者が2人だけだとしたら……。本会議の採決では議長を除く19人のうち、賛成2人、反対17人で否決となるでしょう。

　これが2つ目の理由です。つまり、議会という政治の場においては「きれいごと」だけでは、事はそうそう実現しないのです。

　このような現象は、地方議会に限った話ではなく、競争社会においては常識的なことです。時間と労力をかけても日の目をみない政策条例を、新しくつくろうとする議員が増えないのはやむを得ないことなのです。

②立法補佐のオファーは突然に

　さて、そうはいっても、成立の見込みのあるなしにかかわらず、自らの政策を条例という形で表現しようと考える議員は存在します。語弊があるかもしれませんが、いわゆるアドバルーン型の条例も存在するのです。このような場合においても、議会事務局職員は、成立することを前提に瑕疵のない条例を立案するために全力で補佐するべきです。

　念のため誤解を解いておきますが、議員提出の政策条例のすべてがアドバルーン型の条例だというわけではありません。いずれにしても、執行機関では考えられないほどの短時間で仕上げることが多いのです。

　議会事務局職員には、ある種の「さばきのよさ」が求められます。

③傾聴し、同化する

　行政職員として一定程度経験のある人であれば、執行機関のセクショ

ンにおいて、条例その他の例規の作成に携わったことがあると思います。

　議員立法といっても条例づくりですから、執行機関でのそれと基本的に変わるところはありません。異なるのは、時間がないことだけです。

　議員立法補佐でキーワードとなるのは、「傾聴」と「同化」です。

　傾聴とは、耳を傾けて熱心に聴くことです。依頼議員から「何を実現させたいのか」を徹底的にヒアリングします。そしてその議員に「同化」するのです。自分自身が依頼議員と思考を一にする、これこそが議員立法補佐で最も大事なことです。

④徹底した情報管理を

　議員立法補佐を担当することとなったら、その件についてのボスは依頼議員となります。ですから、その件に関するすべての事項は依頼議員の指示、了解のもとに行うこととなります。絶対にあってはならないことは、依頼議員から得た政治的な動きを含む情報が、執行機関をはじめ他の議員や会派に漏れることです。情報を表に出してよいのは依頼議員の指示、了解があったときだけです。

　まず、関係書類を無造作にデスクに置いておくことなど論外ですし、条例の案文作成作業でパソコンに向かっているときに、背後に誰が通るかを注意することも必要です。

　条例案の作成に没頭するあまり、周囲が見えなくなってしまってはダメなのです。この情報管理は、執行機関ではほとんど意識しないことだと思いますので、くれぐれも注意してください。

　情報管理にミスがあり、情報が漏れてしまったとき、依頼議員と議会事務局の信頼関係は崩壊します。謝罪しても取り返しがつかないこともあり得ます。

　議会事務局職員は「政治の場」に立ち会っていることを肝に銘ずるべきです。

▶▶ 予算を伴う政策条例を立案する

さて、古くて新しい議論です。今日でも「予算を伴う政策条例は議員提案できない」としている議会事務局が存在すると仄聞(そくぶん)したことがあります。各議会の歴史・文化は一様ではありませんから、これは善し悪しの問題ではありません。

①予算を伴う政策条例は提案できないのか

このことを考える材料として、自治法222条と行政実例、そして参考として国会法をみてみましょう。

■地方自治法

（予算を伴う条例、規則等についての制限）

第222条　普通地方公共団体の長は、条例その他議会の議決を要すべき案件があらたに予算を伴うこととなるものであるときは、必要な予算上の措置が適確に講ぜられる見込みが得られるまでの間は、これを議会に提出してはならない。

2　（略）

■行政実例（昭和32年9月25日）

議会が予算を伴うような条例その他の案件を提出する場合においても、地方自治法239条の4（現行法では222条）第1項の規定の趣旨に則つて、予め長との連絡を図つて財源の見透等意見の調整をすることが適当である。

■国会法

第56条　議員が議案を発議するには、衆議院においては議員20人以上、参議院においては議員10人以上の賛成を要する。但し、予算を伴う法律案を発議するには、衆議院においては議員50人以上、参議院においては議員20人以上の賛成を要する。

②〜⑤　（略）

自治法222条と行政実例を合わせて読むことによって、議員は予算を伴う条例案は提出できないと考えてしまうのも無理もないところです。
　しかし、まず、自治法222条の主語は「普通地方公共団体の長」です。よって、議員に直接適用される条文ではありません。
　行政実例はというと、確かに財源の見透しのついていない条例案の議員提出の自制を促しているようですが、それを禁じてはいません。
　よって、自治法222条と行政実例を根拠として、予算を伴う政策条例案を提出しようとする議員に対し「待った」をかけることには無理があると考えられます。
　参考として掲げた国会法56条の趣旨は、内閣の予算編成権との調整のためといわれています。議院内閣制と二元代表制という根本的な違いはあるとしても、国会法では、予算を伴う法律案についてのハードルを上げ、必要な賛成者の数をきっちりと規定しているのに対し、自治法には何ら規定はありません。しかし、その代わりに自治法は、長に「再議」というカードをもたせています。これが自治法の制度設計なのです。

②立案過程での執行機関との接触

　議員が予算を伴う政策条例案を提出することは可能であると考えたとして、それを可決し、実効性のあるものにするためには、どのような調整が必要なのでしょうか。
　現実的には、依頼議員からの指示、了解を得て、執行機関の所管課に政策内容を説明することもあるでしょう。その際に所管課から実現可能性についての意見をもらうこともあり得ます。
　このように、依頼議員の指示、了解のもとで、所管課と接触した場合、所管課はもっているすべての情報を出してくれるとは限りません。むしろ、消極的反応を示すことが多いでしょう。やろうと思えば実現可能なことでも、さまざまな理由を付けて、難しいと返答されるかもしれません。この部分は「本当のところ」がわからない場合もあるのです。
　立法補佐をしている者は、この場面では最低限「関係法令との整合性」だけでも確認できれば「よし」としなければならないというような

こともあるのです。所管課は「関係法令との整合性」については語ってくれることが多いものです。しかし、実務上の問題については多くを語ろうとはしないのが実際のところではないでしょうか。

③「本当のところ」がわからないときの附則の書き方

　実務における「本当のところ」がわからない状況は確かにあります。

　例えば、新たな政策を所管課が現状の人員で展開できるのかという疑問が残る場合もあります。

　さらにいえば、予算を伴う政策条例ですから、提案は可能だと考えたとしても実際には予算措置が必要です。議員には予算という議案の提案権はありませんから、長に予算措置をしてもらう必要があります。

　そのような場合の1つの方法としては、条例案の附則の書き方を次のようにします。

　　附　　則
　この条例は、公布の日から起算して○月を超えない範囲内において規則で定める日から施行する。

　実務の「本当のところ」はわからないけれども、ともかくさまざまな準備が整い次第、速やかに効力を発動させてください、という書き方です。施行期日を規則に委ねることで、スタートボタンは執行機関にもたせています。「○月を超えない」の「○月」ぐらいまでは執行機関側の感触をつかまなくてはなりません。あとは、依頼議員の判断です。

4|12 ◎…議会事務局でネットワーク

▶▶ 議会事務局のネットワーク

　議会事務局の組織の大小は各自治体でさまざまですが、その業務内容は同じです（自治法138条参照）。

　また、議会事務局内の議事、庶務、調査それぞれの部門は、規模が大きいほど、行政らしく（？）自らの組織の中では縦割りです。何年在籍していても他の係の仕事の中身に触れる機会はなかなかないというのが実際のところでしょう。

　議会事務局に配属されるにあたり、執行機関からの出向という形で着任した人も多いと思いますが、議会事務局は役所の中でも特殊なセクションです。他の部署と比べて職員数も少なく、ある種の孤独を感じている人もいるかもしれません。

　となると、仕事の相談相手を「同業他社」などの外部に求めることになる、ここにネットワークづくりの意義があるのです。

①公式のネットワークづくり

　一定のエリアごとに公式の研修会というものがあります。近隣市の集まりとしての議事研修会、庶務担当者会議、調査事務研究会など、出張扱いで参加できる研修会です。

　これらの研修会等に参加することで、他の出席者と相談し合える関係を築くことができます。その意味で、組織が積極的に職員を参加させることは必要ですし、参加する職員は、自らの組織の看板を背負ってネットワークづくりに行くのだという意識をもつべきです。

　時間どおりに会場に出向き、研修を受け、休憩時間は会場の外で過ご

し、終了後は1人で帰ってくる、これはこれで構わないのですが、ネットワークづくりの観点からはいささか物足りません。積極的に名刺交換し、お互いの議会事務局の現状などについて話をしたいものです。

出張扱いで議会事務局職員の集まりに参加し、ネットワークづくりをすること、これは、組織が業務として職員を派遣しているという点で、公式のネットワークづくり作業といえます。

②個人でのネットワークづくり　―人脈をつくる―

さて、先に述べた「公式」のネットワークづくりという表現は、換言すれば、ネットワークづくりの環境を組織が与えているという意味です。

その場に参加している面々は近隣自治体の議会事務局職員ですし、継続して実施されている研修会です。大人なら簡単に「知り合い」をつくってくることができるはずです。

問題は、「知り合いから"人脈"に転換させることができるか」です。そして、ここからは、当の本人が個人としてどのくらい人脈づくりに貪欲かによるのです。

ここでの個人のモチベーションは、「仕事における追い込まれ感」ではないかと筆者は考えています。

議会事務局は、その職員数という意味で、執行機関とは比較にならないほど脆弱です。少数精鋭といえば聞こえはいいですが、実際問題、その言葉がピッタリくる組織ばかりではないでしょう。

つまり、仕事をしている中で「自分が考えをまとめなければ先に進まない」という状況に追い込まれる可能性があるのです。

確かに、最終的に判断をするのは議長であり、事務方トップの局長です。それが「組織」というものです。

しかし、その判断のためのメニューを提示していくのは、部下である職員の務めです。組織が脆弱で相談相手に乏しい、それでも「待ったなし」なのが議会というステージです。仕事に真摯に取り組もうとすればするほど、追い込まれて孤独な戦いを強いられる、それが議会事務局職員のいわば宿命なのです。

孤独から解放されるためにはどうするか。内で煮詰まったら、信頼できる相談相手を外に求めることになります。

ここに、人脈づくりへの貪欲さが生まれるのです。

▶▶ 人脈づくりの具体的方策

「人脈をつくる」。この意識が常に頭の中にあれば、チャンスはいくらでもあります。公式の場を舞台に考えてみましょう。

①近隣市の集まりとしての研修会の場面では

この場面では、すでに環境は整っています。あとは自分の心持ちの問題と若干のテクニックだけです。

それは、常に近隣の議会の情報を収集しておくことです。これが会話の糸口になるのです。

「お疲れ様です。A市の○○です（名刺を差し出す）」

「あっ、どうもお疲れ様です。B市の△△です」

「B市さんでは今、特別委員会で××について検討していらっしゃるんですよね」

「そうなんですよ。よくご存知ですね」

「ホームページで拝見しました。結構大変ですか？」

「大変なんですよ、一番は・・・です」

一般的に、仕事に対して真摯に取り組む、問題意識をもった議会事務局職員は「人脈」をつくりたいと思っています。ですから、上記のような流れになるのが普通です。そして、相性によっては「人脈」へと成長する可能性があります。

逆に、この流れにならなかった場合、先方は現状に満足しているか、あるいは問題意識に乏しい、ルーティンワークを全うしているにすぎない職員です。中には、義務的に研修会に参加しているだけという人もいるでしょう。筆者の経験からすれば、このような場合には、信頼できる筋のいい「人脈」にはなり得ません。

誤解を避けるため、一応、フォローをしておきますと……、このよう

な人がダメだといっているわけではありません。

くれぐれも「人脈」になり得るかという視点からの話です。

②信頼できる人脈づくりの極意「突撃！隣の晩ごはん」

「突撃！隣の晩ごはん」。ご存知の方も多いと思いますが、あるテレビ番組の1つのコーナーで、落語家のヨネスケさんが夕食時に大きなしゃもじと空っぽの茶碗、それに箸をもって一般家庭を訪ね、夕食の風景を紹介するというものです。

ヨネスケさんは、玄関先での先方のリアクションを見極めて、「イケる」と判断するやいなや「こんばんはー。どうもヨネスケです、晩ごはんこれから？」といった体で、お宅にお邪魔して台所で夕食のおかずをいただきます。ひとしきりその家庭の風景を紹介し、味わったのち家人に次のお宅を紹介してもらいます。そこでまたおかずをいただく、さらにまた次のお宅を紹介してもらって……という展開の連続です。

筆者は、この「ヨネスケ」方式こそが人脈づくりの「極意」だと考えています。

1人、信頼できる人物と知り合うことができたら、その人の紹介で次から次へと信頼できる、相談し合える人物を紹介してもらえるということです。その意味で、まず1人、確実に信頼できる相手を見つけることが肝要です。

「人脈」という言葉にはどこか打算的な響きがあると思う人もいるでしょう。しかし、誠意をもって「win-win」の関係を形成することは、ビジネスの世界では常識的なことです。

そして、その誠意とは、ヨネスケさんの「茶碗と箸は持参する」という最低限度の礼儀なのです。

4|13 ◎…議会事務局職員からの議会改革

▶▶ 議会を改革するのは誰か

「議会を改革するのは誰か」。その答えは単純明快、議員です。

議員は住民から直接公選されている存在で、政治的正統性があります。つまり、民意をもってその地位にあるのです。

対して、議会事務局職員に政治的正統性はありません。あるのは公務員試験を受け、選抜されているという法的正統性です。

そう考えると、自治体の議会において、その議会のありよう、今後の方向性を議論し、決定していくことができるのは、政治的正統性をもつ議員でしかあり得ないのです。

議会事務局は、その議会、議員の補佐役ですから、議員の求めに応じて、さまざまな手伝いをするにすぎません。これが、政と官の役割分担です。この役割分担を意識することこそが、議会事務局職員にとって最も大切なことです。

▶▶ 議会事務局職員が語ることができる議会改革

①「法の忠実な執行者」としての議会事務局職員

議会事務局職員も行政職員である以上、「法の忠実な執行者」です。よって、議会事務局職員としては、法が要請している地方議会の役割とは何かをまず考えるべきです。

ここで再度、憲法に立ち返ります。

> ■日本国憲法
> 第93条　地方公共団体には、法律の定めるところにより、その議事機関として議会を設置する。
> ②　地方公共団体の長、その議会の議員及び法律の定めるその他の吏員は、その地方公共団体の住民が、直接これを選挙する。

　「地方議会は議事機関である」。法が要請している地方議会の役割として、このことをまず意識する必要があります。議事機関とは、一般的には議決機関と理解されていますが、要は「熟議する機関」ということ、すなわち、主に自治法96条に規定されている議決事件について最終決裁をする立場にあるということです。

　つまり、議会にとって一番の役割は「議案の審議」なのです。

　熟議する機関として、議案の審議を充実させるためにはどうしたらいいのか、それを議論し、実現していくことこそが「議会改革」なのです。議案の審議を充実させていくためには何をすべきなのか、それを考えることこそが議会改革の議論であるべきです。

　すなわち、「すべての議会改革メニューは議案審議の充実に寄与するものである」といった視点が必要だと思うのです。

②議会事務局は議案の審議をサポートしていない

　「長の提出議案を議会事務局が組織的に分析しているか」。

　このことについて、筆者はたびたび各地の議会事務局職員の方に尋ねてきました。

　これは一種の驚きなのですが、長の提出議案を議会事務局が組織として分析している議会にはいまだに出会ったことがありません。

　議会、議員がその役割を全うするために議会事務局がサポートする、これが議会のあるべき姿だといえます。だとすれば、議案審議のサポートを議会事務局が組織として行うということが、議会改革の議論の最初に挙がっていいテーマではないでしょうか。

　現在の議会改革論の中には、必ずといっていいほど「議会事務局の機

能強化」が挙がっています。議案審議のサポートは、この議会事務局強化論の中に内包されているという論があるかもしれません。しかし、そこでの議論は「議会に法制担当を置く」など、どちらかといえば、議会の政策立案機能の強化、議員立法による政策条例の制定を視野に入れたもののように感じます。

そこまで大きく振りかぶらなくとも、今の議会事務局職員によって議案を分析することは可能だと思うのです。それは、議会事務局職員も執行機関の職員と同様に、入庁以来、同じ研修を受け、養成されている者として、その基礎的な能力は横並びであるはずだからです。

③成功体験の積み重ねで……そして自分のために

議案を審議するにあたり、議員が議会事務局に助言を求めなければ議会事務局の発動はありません。議会事務局が議会、議員の補佐役たるゆえんです。逆にいえば、議会事務局が組織として議案を分析する文化がない理由は、「議員からの求めがなかったため」というのが実際のような気がします。

もちろん、求めない議員のせいだというわけではありません。もしかしたら、平成12年の地方分権一括法により機関委任事務が廃止されてから、まだ15年ほどということに由来しているのかもしれません。

いずれにしても今後は、議会が本来の役割を全うするために、議会事務局が「議案審議のサポート」をすることが必要だと筆者は感じています。議会事務局職員は、いつ何時、議員から求めがあっても応じられるだけの分析をしておくべきなのです。

この「備え」は今のところ、99パーセント発動しないで終わる可能性が大かもしれません。しかし、残り1パーセントのためにプロの仕事をする心意気が必要ではないでしょうか。

この「備え」をしていないと、いざ議員から助言を求められたとしても、議員の期待に応えられないことになります。その時点で、議員からの次のオファーはなくなります。議員から「相談するに値しない議会事務局」という烙印を押された瞬間です。

逆に、ここで議員に満足してもらえる回答ができたとしたら、そし

て、それが議案の審議に活かされたとしたら、これこそが成功体験となり、次のオファーへとつながることになるでしょう。

この「議案を分析する」という仕事は、議会事務局職員としては一見、ハードルの高い仕事に感じるかもしれません。

しかし、とりわけ議会事務局の調査担当にとっては、これこそが本務だとして全力を注ぐべきです。そして、そのことは、自分自身のキャリアにとっても極めて大きいものとなります。何しろ、自治体の業務、それも全般について、横断的に勉強することができるからです。言い換えれば、行政のオールラウンドプレーヤーになることが可能なのです。

行政のオールラウンドプレーヤーであり、議会実務にも精通しているとなれば、今後の職員人生が充実すること間違いなしです。そんなところにモチベーションがあってもいいのではないでしょうか。

④真の二元代表制が実現するとき

大勢力を誇る執行機関から、議案についての負の情報を引き出すのは極めて難しいことです。しかし、行政職員である議会事務局職員には、いわゆる地方自治制度全般に関する「土地勘」があります。

議員は住民代表として、住民の視点で議案を審議し、議会事務局は行政の視点から議案を分析する、この融和によって、よりよい議案の審議が実現し、住民福祉の増進に寄与することになると思うのです。

そして、そのときこそが、より高度な、真の二元代表制が実現するときといえるのではないでしょうか。

議会事務局職員は、裏方であることを自覚しながらも、そんな野望をもってもいいと思うのです。

参考文献

- 松本英昭『新版 逐条地方自治法〈第7次改訂版〉』（学陽書房、2013年）
- （財）地方自治総合研究所監修・佐藤英善編著『逐条研究地方自治法Ⅱ 議会』（敬文堂、2005年）
- 地方自治制度研究会編『地方自治関係実例判例集〈第14次改訂版〉』（ぎょうせい、2006年）
- 野村稔・鵜沼信二『地方議会実務講座 改訂版〈全3巻〉』（ぎょうせい、2013年）
- 地方議会研究会編著『議員・職員のための議会運営の実際』〈全24巻〉（自治日報社、1985～2009年）
- 廣瀬和彦『Q&A議会運営ハンドブック』（ぎょうせい、2012年）
- 石毛正純『法制執務詳解〈新版Ⅱ〉』（ぎょうせい、2012年）
- 法制執務研究会編『新訂 ワークブック法制執務』（ぎょうせい、2007年）

おわりに

　役所というところは大きな職場です。職員数もさることながら、その業務の範囲です。これだけ大きいと、それぞれの部署が何を考え、どんな仕事をしているのか、ひととおり見通すのはなかなか難しいことです。

　その点、議会事務局は、役所の中でも数少ない「全体を俯瞰できるセクション」です。それも、行政各部の話題や課題などについて、いながらにしてタイムリーに触れることができるのです。これだけでも、議会事務局で仕事をする価値はあると思います。

　一方で、補佐役という立場上、成果は議会事務局ではなく議会のものです。スポットライトは主役を照らすためにあります。裏方、脇役がスポットライトを求めてしまっては、舞台全体がめちゃくちゃになってしまいます。

　そんな議会事務局職員の手許に残るのは「過程」です。みえにくいものですが、ないと困ります。そして、成果の担い手が変わっても「過程」がしっかりしていれば、同じような成果はいつでも出せるのです。

　「過程」を成果として受け取る。裏方、脇役の醍醐味とプライドはここにあります。豪快な殺陣を演じた主役が喝采を浴びるのは、いい斬られ役や小道具らのおかげ。カーテンコールの裏でひとりほくそ笑む「楽しさ」を、読者の皆さんと分かち合えたらと思います。

平成27年3月
喫茶室ルノアール　新宿西口エステックビル店にて
　　　　　　　　　　　　　　　　　　　　　　　野村憲一

●著者紹介

香川　純一（かがわ・じゅんいち）

東京都町田市職員・議会事務局実務研究会事務局長
1989年町田市役所入庁。国民健康保険課、教育委員会事務局指導課、総務課法規係、管財課庁舎管理係を経て2009年より議会事務局。
自治体議会事務局、衆議院事務局・法制局、国立国会図書館の職員および経験者による実務家集団「議会事務局実務研究会」を牽引。
執筆は、「議員NAVI」Vol. 40、Vol. 43（第一法規）、「月刊ガバナンス」2013年7月号（ぎょうせい）、「議会改革白書〈2012年版〉」（生活社）ほか。

野村　憲一（のむら・けんいち）

千葉県市川市職員・議会事務局実務研究会会員
民間企業での勤務を経て、2008年市川市役所入庁。2010年より議会事務局。

自治体の議会事務局職員になったら読む本

2015年4月23日　初版発行
2024年4月17日　8刷発行

著　者　香川純一・野村憲一
　　　　（かがわじゅんいち）（のむらけんいち）
発行者　佐久間重嘉
発行所　学　陽　書　房
　　　　〒102-0072　東京都千代田区飯田橋1-9-3
　　　　営業部／電話　03-3261-1111　FAX　03-5211-3300
　　　　編集部／電話　03-3261-1112
　　　　http://www.gakuyo.co.jp/

ブックデザイン／佐藤　博
DTP制作・印刷／加藤文明社
製本／東京美術紙工

© Junichi Kagawa, Kenichi Nomura 2015, Printed in Japan
ISBN 978-4-313-18047-5 C2031
乱丁・落丁本は、送料小社負担にてお取り替え致します。

好評既刊

自治体の財政担当になったら読む本
定野司 [著]

基本から実務までこの1冊でわかる！ 財政担当が知っておくべき実務の考え方・進め方をわかりやすく解説。上司・同僚・事業課との交渉のポイント、仕事への向き合い方など、財政担当としての心得や仕事術も紹介した、担当者必携のロングセラー。

A5判 定価＝2,750円（10%税込）

自治体の教育委員会職員になったら読む本
伊藤卓巳 [著]

複雑な制度・仕組みから実務のポイントまでをわかりやすく解説！ 教育委員会事務局の役割を正しく理解し、適切に事務処理を行うための基礎・基本を詳解。首長部局・学校現場との違いに戸惑う担当者をサポートする1冊。

A5判 定価＝2,750円（10%税込）

自治体の都市計画担当になったら読む本
橋本隆 [著]

自治体の都市計画担当に配属された職員に向けて、実務に役立つ知識とノウハウを集約！ 複雑な制度を豊富な図表を交えてわかりやすく解説し、担当者が留意すべきポイントを実体験をふまえて詳解。事務職・技術職を問わず有用な心得・仕事術も満載。

A5判 定価＝2,750円（10%税込）

自治体の人事担当になったら読む本
鳥羽稔 [著]

自治体人事の法令・制度や実務ノウハウがこの1冊でまるわかり！ 人事関連の基礎知識をはじめ、法令や制度の適用の仕方、新しい働き方や採用のポイント、担当者が持つべき心構えや仕事術なども紹介。

A5判 定価＝2,750円（10%税込）

好評既刊

地方税の徴収担当になったら読む本

藤井朗 [著]

滞納整理のノウハウが1冊でつかめる！ 地方税のしくみ・仕事の流れから、大量の事案をさばくためのマネジメント術、納税交渉・財産調査・差し押さえのポイントまでを網羅。実体験に基づく豊富なエピソードをもとに、心構えとノウハウを丁寧に伝える。

A5判　定価＝2,750円（10%税込）

自治体の会計担当になったら読む本

宮澤正泰 [著]

自治体の会計担当に向けて、業務の流れと必須知識をスッキリ解説。1日のタイムスケジュールや新地方公会計制度の概要まで、必ず役立つノウハウが余すことなくわかる！初任者はもちろん、会計事務に携わる職員が読んでおきたい1冊。

A5判　定価＝2,640円（10%税込）

自治体の企画政策担当になったら読む本

黒澤重徳 [著]

政策形成や総合調整の中心を担う、自治体の枢要部門である「企画政策担当」の実務を解説する唯一の本！ 心構え・仕事術から、総合調整、庁議の運営、横断的課題・特命事項への対応、行政評価、総合計画、住民参加までを詳解。

A5判　定価＝2,970円（10%税込）

自治体の法規担当になったら読む本〈改訂版〉

塩浜克也・遠藤雅之 [著]

例規審査を中心に、原課からの法律相談、訴訟対応など、必須の基礎知識と実務ノウハウを解説した、好評ロングセラーの改訂版。「改正方法の選択」「法律を理解するコツ」「法務の効果的な執行」等のトピックを追加し、内容をアップデート！

A5判　定価＝2,915円（10%税込）